직장 생활이
최   고   의
수 행 이 다

직장 생활이
최　고　의
수　행　이　다

리더를 꿈꾸는 직장인들을 위한 마음건강 피트니스

정해승 지음

허밍버드
HERMITHOUSE

들어가며

　대한민국 월급쟁이들은 힘들다. 출퇴근 시간을 포함하여 평균 12시간 이상을 회사와 관련된 일들로 시간을 보낸다. 지옥철에서 보내는 출근부터 고난의 행군이다. 시루떡처럼 사람들이 포개어져 한 시간 정도 지하철을 타다 보면 출근하기도 전에 방전되는 기분을 느낀다.

　회사에 도착해도 일만 하는 게 아니다. 회사 사람들과 점심도 같이 먹고 회식도 하고 봉사활동도 하고 동호회 모임을 하기도 한다. 그러다 보니 몸도 힘들지만 요즘은 마음이 더 힘들다. 1인 기업이 아닌 이상 회사는 다양한 사람들로 구성되어 있다. 이들과의 인간관계는 물론 개인적인 실적에 대한 압박까지 많은 요소가 스트레스와 정신적인 부담으로 직장인들의 주위를 감싼다.

게다가 늘 손에 쥐어져 있는 스마트폰에선 SNS를 통해 남들과 비교할 수밖에 없는 콘텐츠들이 넘쳐난다. 이래저래 직장인들의 마음건강에 적신호가 들어오는 일들이 많아졌다.

영국의 NGO Mind에 따르면 정신건강 문제로 인해 전 국민이 매년 1,300억 달러, 회사는 556억 달러의 손실을 보고 있다고 한다. 대한민국 정부도 2023.12월에 대통령 주제로 '정신건강정책 비전선포대회'를 열었고, 현재 치료 중심의 정신 질환 정책을 예방부터 회복까지의 전 과정으로 전환하겠다고 선언했다. 일부 국내 기업들도 요즘 들어 사내복지나 EAP(Employee Assistance Program: 임직원 지원제도)의 일환으로서 직원들의 심리상담 우울증 처방 등을 시작하고 있다. 이처럼 개개인의 마음과 정신건강 문제는 정부와 기업 모두에게 더는 미뤄서는 안 되는 중요한 과제로 대두되고 있다.

생명보험회사에 재직했던 시절, 회사 신사업의 일환으로서 헬스케어 업무를 담당했었다. 헬스케어의 광범위한 영역 중에서도 특히 직장인의 마음건강, 정신건강과 관련된 분야에 주목했다. 사실 신체적인 건강이야 직장에서 매년 제공되는 건강검진을 통해 최소한의 건강상태는 객관적으로 관리되고 있다. 일부 회사는 사내 피트니스 센터가 있을 정도로 직장인은 물론 이들을 고용한 회사에서도 개인의 신체 건강은 높은 관심사 중 하나이다. 그에 비해 정신건강과 관련된 문제는 겉으로 잘 드러나지 않는다. 설령 개인이 문제를 자각한다 하더라도 객관적으로 상태를 표현하기 어렵다. 무엇보다 회사라는 조직 내에서 정신건강에 문제가 있다는 것을 공개하는 것은 당뇨나 통풍이 있어 동료들에게 위로받는 것과는 정반대의 양상을 보일 수 있다. 위로의 대상이 아니라 심할 경우 경계의 대상도 되기 때문이다. 그렇기에 직장인의 우울증과 같은 마음건강 문제는 잠재적 리스크가 더 크다고 할 수 있다.

최근 10년 사이 스타트업이 진출한 다양한 분야 중 언젠가부터 마음건강과 관련된 서비스들이 꽤 많이 눈에 띄기 시작했다. 나도 이들과의 협업을 위해 많은 업체를 만나고 실제 공동사업을 추진하기도 했었다. 특히 마음건강과 관련한 분야는 아직 의료보다는 웰니스에 좀 더 가깝다 보니 정신과 의사나 뇌과학자들이 창업하는 경우가 많았다. 그런데 그런 마음공부 관련 스타트업의 성장 속도가 기대만큼 빠르지 못했다. 고객분석을 해보면 그 서비스의 필요성에 대해서는 대부분 공감하지만, 실제 유료로 서비스를 이용하는 이용률은 예측보다 저조할 뿐 아니라 무료로 서비스를 제공하는 영역에서의 트래픽도 기대만큼 높지는 못했다. 회사별로 차이점은 있지만, 그와 같은 서비스의 한계가 분명히 보였다.

마음건강 서비스의 대부분이 예방·진단·치료의 영역을 커버하고는 있으나 명상과 관련된 영상이나 오디오 파일, 좋은 글귀, 홈트, 가벼운 게임 등으로 구성되어 있어 뭔가 근본적인 치유가 되지 못한다는 한계를 가지고 있었다. 이런 서비스를 기획하고 운영했던 나 또한 29년을 직장인으로 살아 왔기에, 마음건강 서비스 공급자가 아닌 실제 수요자로서 어떤 방식을 통해 스트레스와 우울감, 불안함을 극복해 왔는지를 스스로에게 반문해봤다. 그리고 내린 결론은, 이런 형태의 고객 경험은 디지털 서비스를 통해 마음공부를 시도해 봤다는 데서 오는 일시적인 만족감에만 머무른다는 것이었다. 마음의 어지러움을 해소할 무언가를 기대했는데, 그 기대에는 미치지 못한다는 것이 고객 설문을 통해 나타났다. 그러다 보니 오히려 마음의 불안함을 다스리기 위해 그 근원을 들여다보고 이 불안함을 줄여나가거나 사라지게 만드는 무언가가 필요하겠다는 생각이 들었다.

우리가 큰 병에 걸렸을 때 수술이나 약물치료를 통해 장기에 있는 나쁜 병균을 먼저 제거하고 그 후 식이요법이나 운동 등으로 회복하는 것과도 같은 이치다.

마음건강 디지털 서비스가 빛을 발하기 위해선 근본적인 마음건강의 원인과 상태를 파악하고, 1차적인 회복과 치유가 우선 되어야 하며, 이후 디지털 서비스를 병행하는 것이 더 효과적이라는 것을 깨달았다. 우연인지 필연인지 나는 회사업무로서 디지털 마음건강 서비스를 운영하는 것과는 별개로 이미 10여 년 전부터 개인적인 명상과 마음공부를 하고 있었고 이두 가지 영역을 같이 공부한 것이 마음 수양에도 큰 도움이 되고 있다.

내 친구 중에는 국내 최고직장을 관두고 명상을 통한 마음건강 수련을 15여 년 이상 하고 있는 인물이 한 명 있다. 이 친구는 우리 주변의 평범한 직장인이었고 오히려 완벽주의적 성향과 성실함으로 인해 직장에서도 촉망받는 인재였다. 그러던 그가 어느 날 강력한 누미노제(초월적 존재를 만나고 난 후 생기는 두려움과 이를 통해 삶을 대하는 태도가 달라지는 현상)를 경험하고 이후 본격적으로 명상과 영적인 세계에 관한 공부에 빠져들기 시작했다. 그렇게 몇 년이 지났을까, 이 친구는 결국 회사를 그만두고 본격 수행의 길을 가기로 결심했다.

친구의 퇴사 결정을 들은 나는 그의 무모한 도전에 대해 크게 화도 내고 설득도 했었다. 그런데도 결국 그는 자기의 결심을 바꾸지 않았고 모든 속세에서의 기득권을 버리고 한 명의 개인으로 돌아왔다. 이후 가끔 그와의 만남에서 친구가 하는 마음공부에 대해 그 수행의 결과를 '들어주는' 역할을 하곤 했다. 친구의 이야기는 당시 이해하기는 어려웠으나 그래도 친구가 이런 공부를 통해 마음의 평온을 찾아가고 있구나 하는 느낌은 받을 수 있었다. 한편으론 나 역시 스트레스를 받는 월급쟁이며 늘 불완전성이 상존하는 인간관계에 놓여있는 사람이었던 바, 그 친구가 가고 있는 길에서 뭔가 돌파구를 찾을 방안을 은근히 기대하기도 했던 것 같다.

평소 멘탈이 강한 편이라고 생각했던 나였지만 회사생활은 역시 만만한 것이 아니었다. 특히 임원이 되고 난 후부터는 좀 더 고차원적인 스트레스가 다양한 곳에서 밀려오기도 했다. 그랬기에 친구의 경험과 노하우를 통해 나 자신만의 멘탈 관리 방법을 찾아보려 노력하기도 했다. 우리는 농담 삼아 서로를 도반이라고 부르며 나는 내 견해에 따라 친구는 친구의 견해에 따라 각각의 방식으로 공부해 나갔다.

처음 마음공부를 시작했을 때의 당혹스러움을 기억한다. 알아차리기, 받아들이기, 그대로 지켜보기, 지금 이 순간에 집중하기, 분별심을 버리기 등등. 이 같은 선문답 같은 표현에 어찌 시도를 해보기도 난감한 상황이었다. 내 마음속에서 다른 말을 하는 '에고'의 존재를 알아차리고 이를 지켜보기도 쉽지 않은 일인데, 더 나아가 내 몸과 생각이 내가 아니고 온 세상과 하나라는 불이원론까지 들어가게 되면 그 생경한 개념에 머리가 정지될 때도 있었다.

마음속의 어지러운 생각은 나의 의지와는 상관없이 시도 때도 없이 올라오고 그럴 때마다 이론으로 접한 위의 방식을 시도해 봤으나 시작과 동시에 제대로 진행이 되지 않고 흐지부지 끝나버리기 부지기수였다. 일단 그 용어들에 대해 머리로도 이해되지 않는 상황에서 그것이 실천되기를 바라는 것은 어림없는 일이기도 했다. 나의 이러한 고민을 친구에게 한 번 털어놓은 적이 있었다. 그런데 이 친구의 대답은 뜻밖이었다.

"월급쟁이가 깨달을 필요가 뭐 있어? 그냥 스트레스 좀 줄이고 마음이 안정되어서 일만 잘 할 수 있으면 되는 거지."

그랬다. 직장인인 나는 굳이 깨달음을 얻을 정도의 깊이까지 공부할 필요도 없고 공부한다고 다다를 수 있는 일도 아니었다. 그냥 고민이 많고 마음이 어지러울 때 이런 수행을 통해 그 순간 마음의 평온만 찾으면 충분한 것이었다.

마음공부를 하기 위한 책이나 강의들을 보다 보면 한 가지 공통점이 있는데, 저자들이 극심한 마음의 병을 경험한 사람들이 많다는 것이다. 그들은 그만큼의 고통을 통해 스스로의 길을 찾았기에 깨달음에 대한 깊이도 더 깊을 것으로 생각한다. 하지만 나를 비롯한 평범한 일반인들은 그렇지 않다. 그냥 직장생활에서 오는 스트레스와 마음의 어지러움을 달래고 싶어서 하는 사람도 많이 있다. 마음의 고통을 숫자로 표현하자면 극심한 괴로움인 -10에서 완전한 깨달음의 상태인 +10을 가기 위한 목적의 공부도 있겠지만, 보통의 상태인 0에서 조금 더 평온한 정도인 +3을 가기 위한 목적의 공부도 있는 것이다. 일반적인 직장인이 회사에서 인정받고 성공하기 위해선 0에서 +3으로 가는 것이 훨씬 중요할 수 있다. 내가 경험한 대부분의 직장 내 리더들은 그 정도 수준을 유지하고 있다고 생각된다.

한편 회사에서 보면 마음공부를 따로 하지 않더라도 스트레스를 덜 받거나 감정의 동요가 크지 않은 사람들이 있다. 그 이유는 뭘까? 타고난 성격일까? 천성일까? 하지만 천석꾼은 천 가지 고민 만석꾼은 만 가지 고민이라는 말처럼 세상에는 고민 없는 사람이 없고 회사에서의 지위가 높을수록 스트레스 상황은 훨씬 더 많다.

내 주위의 리더들을 보면 능력은 기본이고 인간관계도 아주 뛰어난 분들이 대부분이었다. 그들은 직장인 중 최고의 스트레스 환경에 놓여있는데 겉으로 드러나기엔 너무나 평온한 분들이었다. 그들도 아픔과 실패를 겪었을 텐데 어떻게 잘 헤쳐 나왔을까? 겉으로 보기엔 멀쩡하지만, 속이 문드러지는 경우도 많았을 텐데 어떻게 감정을 조절했을까? 그들 중 마음공부를 한 사람도 있고 안 한 사람도 있을 텐데 각자의 노하우는 무엇이었을까? 나는 그와 같은 궁금함에 대한 해답도 마음공부와 함께 계속 찾기 시작했다.

결국, 나는 내 친구의 조언을 받아들여 너무 어렵고 높은 수준의 명상 단계까지는 목표로 삼지 않고 평범한 직장인 수준에서의 공부를 하기로 마음먹었다. 대신 꾸준히 이어 나가는 것을 더 중요하게 여기기로 했다. 따로 명상시간을 갖거나 특별한 의식을 치르는 일은 없었지만, 산책하거나 업무시간 중 잠시 휴식을 취하며 내 마음을 지켜보는 시간을 가졌다. 짬짬이 온라인을 통한 강의도 듣고 명상서적도 꾸준히 읽어 나갔다.

목표와 눈높이가 낮아지자 오히려 수행을 통한 마음의 평온한 상태는 더 오래 유지됨을 느낄 수 있었다. 그리고 마음공부를 하다 보니 부가적인 장점 한 가지도 발견할 수 있었다. 이런 형태의 마음공부야말로 나 같은 귀차니즘과 의지박약형 인간에게 최적의 솔루션이 될 수도 있겠다는 생각이 들었다. 공부가 되든 운동이 되든 취미가 되든 꾸준함과는 거리가 멀었던 나는 늘 귀차니즘과 의지박약의 희생양이 되곤 했다. 하지만 이 마음공부 수행법은 그 방식이 완전히 달랐다. 불안하고 우울한 마음은 나의 의지와 상관없이 올라오기 때문에 귀차니즘과는 전혀 상관없이 비자발적으로, 비규칙적으로 마주할 수밖에 없었다.

피트니스 센터에 가면 '여러분이 지금 여기 오신 것만으로도 목표의 대부분을 달성하셨습니다.'란 포스터를 종종 접할 수 있다. 이는 피트니스 센터를 가기만 하면 운동은 하는데, 가기까지의 과정이 얼마나 힘든 자신과의 싸움인지를 표현하는 말이다.

하지만 마음공부는 내 의지와 상관없이 불쑥 올라오는 녀석을 상대로 하는 것이다 보니 의지박약형 인간들에겐 최적의 수행 방식임에 틀림없었다. 내가 어떠한 노력을 하지 않아도 수행할 기회는 자주 생기기 때문이다. 뭔가를 하기 위해 결심하고 행동에 옮기고 하는 귀차니즘과 싸우는 과정도 전혀 필요 없다. 심지어 수행방법도 아주 간단했다. 별다른 준비물과 노력 없이 그것을 알아차리고 지켜보는 것으로 시작할 수 있었다. 물론 익숙해지기 위해선 여러 번의 시행착오가 필요하긴 하지만 운동을 하거나 공부를 하는 정도의 자신과의 싸움 보다는 실전응용이 훨씬 간편했다.

더군다나 나는 매일매일 회사를 출근해야 하는 월급쟁이였다. 출근에서부터 회사에서의 업무, 미팅, 회식 등 뭔가 내 의지와 상관없이 스트레스를 받거나 인간관계의 피로감을 자주 접하기에도 너무 좋은 환경이었다. 깨달음을 얻기 위해 스스로 고행을 자처하는 사람이 있는 한편, 나 같은 월급쟁이는 '밥벌이'라는 명분 때문에 스트레스라는 미세먼지가 가득한 환경으로 매일 출근하는 사람이었다. 그렇게 생각의 방향을 바꾸고 보니, 직장인은 마음공부를 하기에 최적의 상황에 놓인 사람들이란 걸 알게 되었다.

마음공부에서 쓰는 용어와 형식을 빌려 오긴 했으나, 이 책은 '마음공부 책'이라고 말하긴 어렵다. 마음공부를 논하기엔 필자인 내가 아직 공부의 깊이나 고민의 총량이나 인간됨의 그릇이 턱없이 부족하기 때문이다. 대신 앞서 비유한 0에서 +3까지 가고자 하는 목적처럼 직장생활 중 스트레스를 조금 덜 받고 평온한 마음을 가지길 원하는 사람들을 대상으로 실제 직장에서 일어날 법한 일들과 직접 경험한 경험담을 공유하고자 한다.

29년간 직장생활을 했고 그 중 대기업 임원으로서 9년의 시간을 보냈다면 비교적 복 받은 직장생활이라고 생각한다. 그동안의 내 경험과 시행착오의 사례들을 통해 기업의 리더들은 어떻게 멘탈 관리를 했는지를 독자들이 엿볼 수 있다면 그보다 더 보람된 일은 없을 것이다.

내가 마음공부를 위해 책이나 강의를 들으며 공부할 때 특히 어려웠던 점은 그 범위가 너무 넓고 각 범위마다 머리가 아니라 마음으로 이해해야 할 내용이 너무 깊었다는 점이다. 따라서 나는 이 책에서 마음공부의 무한히 넓은 범위 중 직장인들이 자주 부딪히는 문제를 압축해서 세 가지로 구분했다.

첫째, '이왕 벌어진 일, 그냥 받아들이자'에선 이미 일어나버린 일들에 대해 저항하지 말고 그대로 받아들이는 것에 관해 설명한다. 내 직장생활의 경험으로 돌아봤을 때 인간의 능력 밖에서 일어나는 일들에 대해선 고민하거나 후회하지 말고 있는 그대로 받아들이는 것이 다시 재도약하기에도 훨씬 좋은 방편이었다.

둘째, '오직, 지금 이 순간 현재만 존재한다'에선 과거에 대한 후회와 미래에 대한 불안이 다 부질없음을 알고 현재에만 집중할 것임을 강조한다. 기업의 리더들은 거의 현실주의자들이고 그래서 지난 과거에 사로잡히지도 않고 일어나지 않은 미래에 대해 불안해하지도 않는다.

셋째, '속지 마, 모두 마음이 지어낸 것들이야'에선 마음이 지어낸 일에 현혹당하지 말고 있는 그대로를 인정하는 것에 관해 얘기한다. 그냥 하나의 현상에 불과한 일을 스스로 그것이 좋은 것, 안 좋은 것으로 꼬리표를 붙여서 마음의 어지러움을 만드는 것을 경계해야 함을 얘기하고 싶다.

대한민국의 직장인들이라면 이 세 가지만 잘 조절할 수 있어도 한 명의 프로페셔널로서의 조직 내 경쟁력이 상승할 것임을 자신 있게 말할 수 있다. 그리고 마음공부의 영역인 그 세 가지 외에 직장인에게 업무 못지않게 직장생활에서 많은 비중을 차지하는 먹고, 마시고, 대화하는 상황에 관해서도 이 책에 서술하려고 한다. 업무 외적인 일상에서도 마음의 평온함을 찾을 수 있는 방법들은 얼마든지 있다. 직장에서의 점심식사, 회식, 혼밥, 혼술 등 일상에서 늘 벌어지는 일들 속에서 마음건강을 유지할 수 있는 방안들을 소개할 것이다.

마지막으로는 정신과 신체의 건강이 조화를 이루어 죽기 전까지 건강하게 살 수 있는 방향에 관해서도 얘기하고자 한다. 결국엔 마음과 육체가 모두 건강해야 살아있는 동안 행복한 시간을 보낼 수 있고 이 세상과 이별할 때도 '웰 다잉' 할 수 있기 때문이다.

　　모쪼록 대한민국의 많은 직장인들의 마음이 더욱 건강해지길 바란다.

목차

1
이왕 벌어진 일, 그냥 받아들이자

성공한 리더들은 실패에 저항하지 않는다

　기업에서 리더라고 하면 과장 이상의 관리자급이거나 아니면 팀장 이상의 보직 간부라고 할 수 있다. 이런 리더들은 실무자급일 때와는 다른 차원에서의 직장 내 스트레스를 감당해 내야 한다. 뭐니 뭐니 해도 실적에 대한 압박이 가장 크다. 요즘은 연봉계약이 대세니 만큼 그해의 실적

을 맞추기 위한 스트레스는 실무자 때와는 비교할 수 없을 정도로 많아진다. 본인들은 실적의 압박에 시달리지만, 직원들을 향해선 배려심 많은 선배가 되어야 한다. 기업의 리더는 사내외 리더십 교육을 의무적으로 참석해야 하는데 그곳에서 강의하는 내용을 들어보면 마치 성인군자와 같은 인격과 도덕성을 요구한다. 본인 조직 내 후배직원들 한 명 한 명의 얘기를 경청해야 하고 직원이 실수해도 화를 내서는 안 되며 항상 직원들의 입장에 서서 코칭을 해야 한다. 즉, 상상 그 이상의 인내와 평정심이 요구된다.

그들은 외롭다. 많은 결정을 혼자 해야 하고 혼자 책임져야 한다. 젊은 사원들끼리의 스몰토크에 본인이 끼면 분위기가 썰렁해질까 봐 눈치가 보여 차마 끼지도 못한다. 오전에 급한 업무를 처리하다 보면 점심 약속을 미리 못해 혼자 샌드위치를 먹을 때도 있다. 이처럼 실적에 대한 압박을 기본으로 깔고 후배들에겐 인자한 선배의 모습이어야 하며, 사무실에선 혼밥을 하는 외로운 리더들에게 스트레스가 없다고 하면 오히려 이상한 일일 것이다. 하지만 그들은 본인만의 방식으로 멘탈 관리를 하여 스트레스를 이겨내고 지금의 자리까지 온 사람들이다. 과연 그들은 어떤 방법으로 멘탈 관리를 하고 있을까?

성공한 리더들은 실패에 저항하지 않는다. 그들도 최소 10년 이상의 직장생활 동안 많은 실패를 경험했던 사람들이다. 그리고 그들도 사람인지라 그 실패에 마음 아파하고 울분을 혼자 삭인 날도 많았을 것이다. 하지만 그 실패를 이겨내고 리더의 위치에 서서 또 다른 실패를 극복하며 직장생활을 이어 나가고 있다. 성공한 직장내 리더들이 실패를 이겨내는 방법은, 그 실패에 저항하지 않고 있는 그대로 받아들이는 것이다. 내가 경험한 많은 리더들이 힘들 때마다 공통으로 한 얘기가 있다. "이왕 벌어진 일 받아들여야지, 뭐 다른 방법 있어?"

표현방식은 개인별로 조금씩 다를 수 있겠으나 의미만 놓고 본다면 대부분 이와 같은 내용이었다. 신이 아닌 이상 벌어진 일은 다시 되돌릴 수 없다. 하지만 많은 사람은 원치 않는 상황이 벌어졌을 때 그것에 대해 저항한다. 그 저항은 뭔가 다시 되돌려 보려는 무모한 시도일 수도 있고 그 일이 발생한 원인에 대한 자책이거나 후회일 수도 있다. 세상을 충분히 경험해 본 사람들이라면 다 깨닫는 이치지만 그런 행동들은 부질없는 짓이다. 오히려 실패를 딛고 재기하는 데 방해가 되는 행동들이다. 성공한 리더들은 벌어진 일에 대해 저항하는 것이 백해무익한 일이란 걸 직장 경험을 통해 알고 있다. 그들은 원치 않는 일이 발생했을 때 그것을 담담히 받아들이고 오히려 다음 스텝을 어찌할지에 대해 좀 더 집중한 사람들이다.

성공한 리더들은 실패를 경험했을 때 남 탓을 하지 않는다. 리더라는 위치는 결정하는 사람이기도 하지만 책임지는 사람이기도 하다. 그 일이 본인의 잘못에서 비롯되었든 조직 내 구성원의 잘못이든 심지어 누구의 잘못도 아닌 우연에 의해 발생한 문제이든 자신의 조직과 관련된 내용이라면 그 책임은 본인이 져야 한다는 것을 알고 있다. 회사는 조직사회니만큼 책임을 조직의 수장인 리더에게 물을 수밖에 없다. 그때 그것이 나의 실수라고 생각하든 아니면 자신이 직원관리를 잘못한 것이라고 생각하든 오롯이 자신의 책임이라고 생각하는 것이 멘탈 관리에 훨씬 용이하다. 그것을 자신의 책임이 아니고 남의 책임이라고 생각하거나 그래서 억울하다는 생각을 가진다면 그는 하수의 리더다. 성공한 리더는 그 실패가 시스템적으로 회피가 불가한 상황이란 것을 알고 있기에 깨끗이 본인의 책임으로 인정하고 받아들이는데 익숙한 사람들이다. 자신이 책임지면 단기간의 불이익이 있을 수는 있으나 결국 그 과정은 그를 더 단단하게 만들어 더 좋은 리더로 성장하게 만든다.

성공한 리더들은 자존감이 강하다. 그것이 바로 실패를 받아들이고 재기하는 데 가장 큰 원동력이 된다. 실패했다고 해서 쉽게 좌절하거나 의기소침하지 않는다. 그들은 지금 그 자리까지 올라가게 한 자신의 실력과 경험을 믿는다. 자신이 있어야 할 위치와 목표를 이미 설정값으로 놓고 있기에 잠시의 실패로 그 자리에서 조금 물러나 있다 하더라도 다시 올라갈 수 있다는 믿음이 있다. 그것은 자존감이 없다면 할 수 없는 일이다. 자존심은 타인과의 관계에서 인정받으려는 욕구고 자존감은 스스로 본인의 가치와 존엄을 인정하는 것이다. 따라서 성공한 리더들은 실패를 통해 자존심이 상하는 일이 생기더라도 크게 반응하지 않는다. '자존심이 밥 먹여주냐'라는 말은 일반인들의 대화에서 클리셰처럼 등장하는 말일 뿐 아니라 실제 실패를 경험했을 때 멘탈 관리에도 매우 도움이 되는 경구다. 자존심 대신 자존감을 더 가지면 분명 회복탄력성은 증가한다. 성공한 리더들은 이런 자존감을 바탕으로 일상다반사로 일어나는 실패의 경험들을 오히려 성장의 자양분으로 만드는 사람들이다.

리듬 게임의 실패로부터 LOL e스포츠단 단장까지

지금이야 K-POP이 글로벌 문화상품이 되었고 국내 대형 기획사의 시가총액이 몇조는 훌쩍 뛰어넘는 시장이 되었지만, 10여 년 전만 해도 한국 대중음악 시장은 순이익을 내기 어려운 시기를 겪고 있었다. 그 이유는 바로 불법 음원 다운로드 때문이었다. 제 가치를 내지 않고 어둠의 경로로 다운받아 즐기는 형태가 대세다 보니 음악 관련 회사들이 경영에 어려움을 겪을 수밖에 없는 시기였다.

당시 엠넷미디어라는 음악콘텐츠 회사에 근무했던 나도 같은 고민을 하고 있었다. 디지털 신사업을 담당하며 여러 사업모델을 검토하다 최종적으로 결정한 신사업은 바로 리듬 게임 출시였다. 음악은 돈을 내지 않고 무료로 다운받지만 음악에 따라 온라인상에서 춤을 추는 리듬 게임에는 돈을 지불하는 것에 거부감이 없는 유저들의 성향을 보고 최종결정했다. 특히 '오디션' 같은 리듬 게임이 국내는 물론 동남아까지 큰 인기를 끌며 게임업계에서 새로운 캐시카우로 등장하고 있어 무엇보다 현금흐름이 필요한 음악업계에선 안성맞춤인 사업이라고 판단했다.

음악콘텐츠 회사에서 자체 게임개발을 추진하기엔 너무 큰 투자와 모험이기에 나는 이미 개발이 완료된 리듬 게임을 퍼블리싱하는 것으로 회사의 승인을 받았다. 그리고 최종적으로 선택한 게임이 중국 스네일 게임이 개발한 5번가(Five Street)였다. 이를 한국 정서에 맞게 '클럽데이 온라인'으로 이름을 바꿔서 2008년 6월 출시했던 것이다. 개발사와 퍼블리싱 협의를 시작한 지 10개월 기간 동안 계약은 물론 한국 버전 개발까지 완료한 초고속 진행이었다. 이 게임의 차별점은 기존 오디션류의 리듬게임에서는 4등신 형태의 가분수 캐릭터가 귀여운 모습으로 춤을 추는 모습이었다면, 클럽데이 온라인은 8등신 체형으로 실사에 가까운 비주얼을 보여주는 캐릭터가 나온다는 점이었다. 심지어 게임에서 만난 캐릭터끼리 연애하는 것은 물론 최종적으론 예식장에서 결혼까지 할 수 있는 가상현실을 구현해 놓았다.

몇 해 전 디지털 테마로 전 세계에 큰 열풍을 몰고 온 '메타버스'의 초기 버전이라고 할 수 있을 정도로 현실에 가까운 가상세계를 이미 15년 전에 출시했던 것이다. 거기에 더해 음악콘텐츠 회사라는 장점을 활용하여 자사 소속 연예인을 마케팅으로 활용할 수 있었다. 당시 컴백을 준비했던 이효리를 모델로 가상세계 안에 이효리 방을 꾸미는 등 타사가 따라

할 수 없는 다양한 마케팅도 같이 진행했다.

회사의 기대 속에 게임은 런칭되었고, 24시간 돌아가는 온라인 게임 특성상 6월 런칭 이후 나는 주말도 없이 몇 개월간을 리듬 게임 M/S(마켓 셰어) 정상을 위해 노력했다.

하지만 리듬 게임 최강자 오디션의 벽은 생각보다 높았다. 출시 후 한 달 안에 10개 정도의 국내 리듬 게임 중 Top 3까지 올랐으며 동시접속 기준 최종 2위까지 올랐으나 결국 1위는 달성하지 못했다. 특히 아이템 구입을 통한 매출도 기대 이하이어서 새로운 캐시카우를 기대했던 회사의 실망은 매우 컸다.

온라인 게임 경험이 없는 회사여서 나는 최소 1년 이상의 시행착오를 겪어야 본격 승부를 볼 수 있을 것이라 예상했지만, 회사의 판단은 달랐다. 회사는 단 몇 개월 만에 순이익을 낼 수 있는 가시적인 성과를 요구했고 이로 인한 나의 스트레스는 점점 커져만 갔다. 출시 5개월이 지날 때까지 게임사업은 순이익을 내지 못했고 급기야 회사는 그해 12월, 출시 6개월밖에 되지 않은 게임사업의 중단을 결정했다. 그리고 다음 해 2월 클럽데이 온라인은 역사의 뒤안길로 사라졌다. 더불어 난 실적평가에서 최하위 등급을 받았다.

30대 후반의 혈기왕성한 직장인이었기에, 이 사실을 받아들이기 매우 힘들었다. 리듬 게임사업은 우리 회사의 핵심역량을 극대화할 수 있는 미래사업이며, 아직 런칭 후 몇 개월이 지나지 않은 시점이라 조금 더 마케팅을 진행한다면 충분히 1위로 올라서고 이익도 낼 수 있을 것이라고 믿었다.

하지만 회사는 빠른 철수를 결정했고 결국 나는 신규사업을 실패한 담당자가 되어버렸다. 게다가 이미 중단이 결정된 게임이지만 아이템을 유료결제하고 이용했던 유저들이 남아있었기에 그에 대한 보상절차 및 마무리 작업까지도 남아있었다. 실패한 게임이란 오명을 쓰고 그것을 고객 불만족 없이 마무리해야 하는 몇 개월은 직장생활 중 손에 꼽을 만큼 힘든 기간으로 기억된다.

처음엔 너무 이른 결정을 한 회사에 대한 원망과 이 사업을 괜히 추진했나 하는 후회 등 많은 괴로움이 한동안 나를 집어삼킨 것 같다. 맘고생을 하다 보니 새치는 더 늘어났고, 염색을 자주 할 수밖에 없었는데 그러자 탈모도 시작되어 그때부터 염색도 중지했다. 당시는 마음공부도 하기 전이라 이 괴로운 마음을 조절하기가 더 힘들었다. 그렇게 힘든 시간을 겪고 있던 어느 날, 우연히 한 책에서 '우생마사(牛生馬死)'란 글귀를 보게 되었다.

옛날 어느 마을에 큰 홍수가 나서 사람이건 가축이건 큰 희생을 치렀는데 비가 그치고 보니 말들은 거의 죽었는데 소들은 대부분 살아있더란 것이다. 알고 보니 헤엄에 능숙했던 말들은 살아남기 위해 강물을 거슬러 계속 헤엄을 쳤고 결국 힘이 빠져 죽게 되었다. 이에 반해 헤엄을 못 쳤던 소들은 강물에 휩쓸려 물도 먹고 바위에 치이며 흘러갔고 그러다 뭍에 닿

1. 이왕 벌어진 일, 그냥 받아들이자

아서 생명을 건질 수 있었다는 것이 우생마사의 이야기였다.

이 이야기를 본 나는 잠시 머리가 멍해졌다가 이내 다시 맑아지는 기분을 느꼈다. 그렇다! 나는 당시 홍수가 나서 물에 떠내려가는 상황이었다. 그렇기에 이를 무리하게 극복하려 저항하기보다는 마치 소처럼 있는 그대로 받아들이고 떠내려가는 게 맞겠다는 생각이 들었다. 이렇게 흘러가다 보면 괴로운 순간은 언젠가 끝나게 되고 다시 새로운 좋은 일들도 나타날 것이란 믿음이 생겼다.

리듬 게임 실패라는 현상에 저항하지 않고 그대로 받아들이는 것이 홍수에 떠내려가는 당시의 내가 취할 수 있는 최고의 선택이었다. 그 이후부터는 마음의 괴로움이 꽤 많이 걷히게 되었고 오로지 서비스 중단이 결정된 이 리듬게임을 무사히 마무리하는 데에만 집중하게 되었다. 그렇게 그 순간을 저항하지 않고 받아들이며 잘 견뎌온 결과, 회사에서 다시 인정받을 수 있었고 신사업 실패라는 오명을 쓴 지 3년 뒤 사업본부장으로 승진할 수 있었다.

좋은 경험이든 나쁜 경험이든 지나고 보면 인생에 다 연결된다는 스티브 잡스의 'connecting the dots(점들을 연결하기)' 연설은 9년 만에 내게 현실이 되었다. 2009년 클럽데이 온라인이란 리듬 게임을 출시하고 8개월 만에 접었던 나는 9년 뒤인 2018년 국내 금융회사 최초로 LOL(League of Legend) 구단을 창단하고 한화생명 e스포츠단(HLE) 초대 단장에 올랐다. 금융회사 중 특히 보수적인 문화가 강한 생명보험회사에서 e스포츠

단을 창단하는 것에 대해 내외의 많은 우려가 있었던 것도 사실이다. 하지만 금융산업에서 디지털 트랜스포메이션이 대세로 굳어지고 있었고 핀테크 산업이 글로벌적 혁신을 가져오는 당시 상황에서 생명보험회사의 브랜드가 디지털적인 색깔을 입는 것은 피할 수 없는 숙명이었다. 특히 미래세대인 MZ 세대의 영향력이 점점 커지는 상황에서 그들에게 다가갈 수 있는 획기적인 마케팅도 필요한 시점이었다.

e스포츠는 속성 자체가 디지털이니만큼 굳이 '우리 디지털 잘 해요.'를 얘기할 필요도 없을 정도의 강력한 툴이었고 그 유저들과 시청층이 대부분 10대, 20대, 30대인 만큼 젊은 세대 공략에도 더없이 훌륭한 브랜드 마케팅 방식이었다. 하지만 e스포츠단을 창단할 때 여러 가지 마케팅적인 이유 말고 뭐니뭐니해도 내가 가장 자신 있었던 이유는 바로 9년 전 클럽데이 온라인을 출시하고 운영한 경험이었다. 리듬 게임과 LOL은 게임의 방식은 다르지만 두 게임 모두 젊은 사람들이 열광하는 온라인 게임이라는 공통점이 있었고 이것을 운영해 본 경험은 e스포츠단 창단을 자신 있게 주장할 수 있는 엄청난 힘이 되었다. 9년 전 게임중단을 알리는 고객 메일을 직접 작성했을 때, 9년이 지난 후 LOL 스포츠단 단장이 되리란 것은 상상할 수도 없었다. 하지만 마이클 싱어가 "삶이 더 잘 안다.(Life knows better)"라고 한 것과 같이 그냥 받아들이고 내맡긴 결과 삶은 내게 전혀 다른 멋진 기회를 선사해 주었다.

1981년 개봉한 임권택 감독의 영화 '만다라'는 불교를 다루는 종교영화라는 의미를 뛰어넘어 한 인간이 마음의 고통을 극복하고 어떻게 깨달음의 길로 가는지를 보여주는 마음공부 여정을 그린 영화라고도 할 수 있다. 영화 속 두 주인공인 법운(안성기)과 지산(전무송) 외에 또 한 명 눈길이 가는 인물이 있는데, 그는 바로 법운의 동료 스님인 수관이다. 수관은 깨달음을 얻기 위해 그 누구보다 노력하였으나 깨달음은 손에 잡힐 듯 잡히지 않았다. 그는 극심한 고통을 겪는다면 깨달음의 길에 좀 더 가까이 다가갈 것이란 믿음에 손가락을 촛불에 하나씩 태우기로 한다. 그렇게 촛불에 태운 손가락이 네 개에 이르기까지 수관은 깨달음을 얻지 못했고 결국 그는 인위적인 고통을 통해 깨달음을 얻을 수 없다는 것을 아이러니하게 깨닫는다.

깨달음이란 존재하는 것인가? 그리고 깨달음이란 다다를 수 있는 길인가? 사람들은 깨달음을 얻으면 내 모든 고민이 사라지고 언제나 마음의 평화가 생기며 늘 기쁨으로 충만한 삶을 살 것이란 기대를 한다. 하지만 예수, 석가모니, 마호메트 같은 종교적 성인들이라면 모를까 일반인들에게 그러한 형태의 완벽한 깨달음은 오지 않는다.

일부 마음공부를 오래 한 사람들은 깨달음에 가까운 신비로운 체험을 하기도 하는데 그것도 그 순간뿐이다. 한 번의 체험으로 영원한 마음의 평화를 얻기는 불가능하다. 그러한 체험 이후 이제 마음속의 어지러움은 없을 것으로 생각했으나, 그 후에도 마음은 불안하고 걱정스럽고 분노하고 경멸하고 하는 나쁜 감정의 사이클을 계속 겪는다. 그러면 다시 한번 그런 깨달음의 체험을 하기 위해 몸을 더 극심한 고통에 몰아넣거나 속세를 떠나 자연으로 가거나 하는 방식으로 수행의 강도를 올리기도 한다.

하지만 지나고 보면 다 소용없는 일이다. 고통의 강도를 더 한다거나 모든 것을 버리고 수행에만 정진한다고 해서 영원한 깨달음을 얻기란 불가능하다. 오히려 일상 속에서 밥 먹고 회사 가고 공부하고 사람들 만나고 하는 것들이 곧 깨달음의 과정이고 그렇게 생활하는 것이 깨달음에 가장 가깝게 다가가는 수행방법이다.

마음의 병을 많이 안고 사는 현대 직장인들은 엄청난 스트레스를 견디며 밥벌이로서의 직장생활을 어쩔 수 없이 해내 가고 있다. 월급 때문에 직장을 관두지 못함을 괴로워하면서도 마음의 병을 고치기 위해 취미생활도 하고 종교에 의지하기도 하고 명상도 하고 심할 경우 병원 처방과 약에 의존하기도 한다.

하지만 직장생활이야말로 최고의 수행이라는 생각을 한번 해보면 어떨까? 우리가 인위적으로 고통을 찾지 않더라도 직장생활은 충분히 고통스럽다. 직장생활에서 가장 힘든 점은 정해진 규칙에 따라야 하고 남이 시키는 일을 내가 해야 한다는 데 있다. 젊은 세대 사이에 인기를 끌고 있는 파이어족(Financial Independence Early Retirement; 경제적 자유를 바탕으로 한 조기 은퇴) 열풍도 결국 경제적 자유 즉 월급을 굳이 안 받아도 되는 상황이면 회사에 다니지 않는 자유를 누리겠다는 데 있는 것이다. 그만큼 직장생활이란 자유가 없는 것이고 충분히 고통스러운 일이다.

아침에 기상 알람을 들을 때의 그 괴로움을 모든 직장인은 기억한다. 특히 그날이 월요일 아침이거나 전날 불면증으로 수면의 질이 안 좋았거나 혹시 전날 회식으로 과음을 한 후 늦은 귀가를 했다거나 했을 때의 다음 날 아침 알람 소리는 마치 지옥문의 입장을 알리는 나팔 소리 같은 괴로움을 안겨준다.

출근길은 또 어떠한가? 지옥철이나 만원 버스로 대변되는 대중교통 수단을 이용해 출근하는 직장인들은 그 한 시간 정도의 출근길에 이미 온몸은 파김치가 된다. 특히 한여름에 땀으로 끈적끈적한 몸을 이끌고 사람들로 꽉 찬 지하철에 몸을 부대끼며 출근하는 사람들의 무표정한 얼굴은 그들이 지금 얼마나 상황을 인내하며 견디고 있는가를 여실히 보여준다.

하지만 직장에 도착한 후부터가 본격적인 고통의 시작이다. 아무리 MZ 세대 문화가 전파되어 좋아졌다고 하지만 그래도 직장은 상사의 업무지시와 결과물의 컨펌이 있어야 돌아가는 조직이다. 내가 원하지 않는 업무를 아무 설명 없이 툭 던져주는 부장의 지시를 받고 기획안을 만들어야 하는 실무자들은 영혼 없는 소울리스좌가 아니라면 결코 그 업무를 데드라인에 맞춰 해낼 수 없을 정도의 고통을 겪는다. 아니라고 말하기 시작한 MZ 세대라지만 상사의 지시에 아니라고 말하는 것은 엄청난 모험이고 스트레스다. 그래서 그냥 감내하고 속으로 삭이는 과정에서 속은 문드러지고 MZ 세대들도 점점 젊은 꼰대로 흑화되어 간다.

칼퇴가 최고의 미덕인 현대 직장에서도 야근과 회식은 어김없이 존재한다. 퇴근 시간만 바라보고 힘든 업무시간을 견디고 있었는데 느닷없이 퇴근 한 시간 전에 다음 날 아침 회의 자료를 만들라고 업무를 던지는 빌런 같은 상사는 언제나 주위에 있다. 뭔가를 기대하고 있었는데 그것이 한순간 무너지면 그 충격은 정상적인 상황의 몇 배 이상으로 강하게 다가온다. 퇴근 시계만 바라보다 야근업무를 부여받은 직장인의 상심이 바로 그러하다.

좋아하지 않는 술자리 회식에 끌려가는 것은 직장인 데일리 라이프의 마지막 고통의 순례길이다. 좋아하는 사람들과 밥 먹기도 쉽지 않은데 온종일 부대끼며 얼굴 보는 사람들과 퇴근 이후 법적으론 개인 시간에 다시 밥 먹고 술 마시는 행위는 직장인들이 하루 중 견뎌내야 하는 마지막 관문이다. 이런 과정을 거쳐 집에 오면 워킹맘들은 또 육아라는 부모의 의무가 기다리고 있다. 이 모든 일을 끝내고 쓰러져 잠이 들면 얼마 지나지 않아 다시 지옥문이 열리는 기상 알람 소리를 듣고 깨어나게 된다.

자, 이 정도면 깨달음을 얻기 위해 자발적으로 고통을 겪으며 수행하는 사람들에 비해 직장인의 고통의 강도가 많이 부족하다고 생각되시나?

고통의 강도나 방식에 따라 객관적 지표로 말하긴 어렵겠으나 고통을 겪는 사람의 주관적인 느낌으로 본다면 결코 그 강도가 약하다고 말하긴 어려울 것이다. 그리고 직장인들은 군이 마음공부에서 얘기하는 궁극의 깨달음을 얻을 필요까진 없다. 마음의 고통이 심해 평생을 수행한 사람들도 완벽한 깨달음이나 깨어남을 얻기는 쉽지 않다.

직장인은 출근 전쟁부터 회식 후 퇴근 귀갓길까지의 모든 과정이 마음건강을 단련시키는 하나의 수행과정이라고 생각하는 것만으로도 충분하다. 그리고 그런 생각을 한 번만 하고 지나는 것이 아니라 기상 알람을 들었을 때의 괴로운 순간부터 직장생활의 모든 과정 중 일어나는 고통의 순간에 '이것은 수행이니 잘 견뎌내고 마음의 건강을 찾자.'라고 되뇌어 보자. 그런 과정이 익숙해진다면 밥벌이로서 직장생활의 무게를 좀 내려놓을 수 있음은 물론 더 나아가 마음의 병까지도 치유될 수도 있을 것이다.

마테를링크의 〈파랑새〉를 보면 행복의 상징인 파랑새를 찾기 위한 여행을 떠난 치르치르와 미치르는 갖은 고난을 겪고도 파랑새를 찾지 못했다. 하지만 힘든 여정에서 돌아온 그들은 자신의 집에서 파랑새를 발견할 수 있었다. 행복은 먼 곳이 아닌 그냥 그 자리에 있었다. 우리 직장인들도 행복이나 깨달음은 먼 곳에 있는 것이거나 어렵게 수행하여 얻는 것이 아니라 직장이라는 가까운 곳에서 일상의 경험을 통해 얻을 수 있음을 알기 바란다. 그냥 그 자리에서, 직장생활에서 벌어지는 무수한 일들을 그저 묵묵히 견뎌 내는 것, 그것이 최고의 수행이며, 그것이 바로 내 마음 안에 있는 행복을 발견해 내는 것이다.

김 과장의 승진 탈락, 어떻게 극복해야 하나?

직장생활에서 가장 큰 스트레스 중 하나는 진급에서 누락되는 것이다. 사실 승진탈락이라는 상황은 직장인들에게 분노, 실망, 수치, 모욕 등 온갖 종류의 나쁜 감정을 일으키는 최악의 마음건강 독성물질이다. 월급쟁이들에게 가장 큰 낙은 딱 세 가지라고 늘 생각했다. 승진, 휴가, 연봉.

직장인들의 연봉이야 프로스포츠 선수들과 달라서 전해의 실적을 바탕으로 극적이게 오르긴 어려운 게 현실이다. 오히려 바뀐 세대에 따라 연차나 긴 여름휴가 등을 과거와 달리 덜 눈치 보고 갈 수 있다는 점이 더 큰 월급쟁이의 낙으로 여겨지고 있다. 하지만 뭐니 뭐니 해도 직장인들에게 승진이 주는 기쁨은 앞의 두 가지 낙과는 비할 바가 안 되는 희열이다.

최근 많은 기업이 수평적인 문화를 지향하며 님, 프로, 영어 이름 등으로 대리, 과장, 부장 등의 직급 호칭을 대체하고 있는데 그 장점을 공감하는 바가 없진 않지만 그래도 조직사회에서 직급이나 직책이 상향된다는 월급쟁이들의 기쁨을 빼앗겼다는 느낌은 지울 수가 없다. 승진자나 탈락

1. 이왕 벌어진 일, 그냥 받아들이자

자의 기쁨과 슬픔 못지않게 그들을 평가해야 하는 리더들의 스트레스도 절대 녹록지 않다. 매년 초 개인별 업적평가를 매기고 최종적으로 승진자를 TO에 따라 확정해야 하는 리더들의 고충은 해 본 사람들은 다 공감할 것이다.

업적평가라는 것이 수치로 정확히 드러나는 일부 직군을 제외하곤 많은 경우 정성평가를 할 수밖에 없어 공정성 문제를 포함하여 여러 가지 후속 파문을 일으키곤 한다. 내 경우도 최대한 객관적이고 공정한 평가를 하려고 했지만, 평가는 늘 어려운 일이었다. 업무특성이나 직군에 따라 정성평가의 비중이 천차만별인데 경험적으로 마지막까지 그 해답을 찾을 수 없었던 대표적인 직군이 UI/UX 디자이너였다. 디자이너의 경우 크리에이티브가 개인역량 및 실적의 발현이지만 그 크리에이티브를 객관적 자료로 도출하기란 여러 시행착오를 겪어 봐도 풀 수 있는 문제가 아니었다. 매년 고민하지만, 결국엔 디자인물의 개수나 일정준수 정도, 연간 한두 번 하는 고객만족도 조사를 포함하는 것으로 귀결되었던 것 같다.

직장인들의 가장 큰 스트레스인 승진탈락의 상황을 맞이했을 때 어떤 마음가짐이어야 하고 어떻게 대처해야 하느냐를 우리 주위에 흔히 있는 김 과장의 사례를 통해 한 번 살펴보자.

3월 1일자 승진자 발표일에 김 과장은 차장 승진자 명단에 자신의 이름이 없는 것을 발견하고 엄청나게 낙담한다. 승진에 탈락한 김 과장은 이 마상(마음의 상처)를 어떻게 극복해야 할까? 그가 술을 마실 줄 안다면 술을 마시는 것도 좋은 방법이다. 술 마시고 친구와 동료와 가족에게 한탄하는 과정은 필요하다. 요즘은 그런 문화가 많이 사라졌지만 20여 년 전엔 승진자 발표가 나고 탈락이 확정된 사람은 인사발령 공고를 보는 순간 바로 퇴근해 버리기도 했다. 심한 경우 하루 이틀 잠적하기도 했으나 회사에서도 그 충격과 상심에 대해 어느 정도는 용인해주는 분위기였다. 문제는 하루 이틀간의 분노 표출 및 삭힘의 시간을 지난 이후부터다. 어느 정도의 일탈을 용인해주던 회사나 동료나 심지어 가족들도 그 기간이 3, 4일 이상 길어지면 오히려 미성숙함의 잣대를 들이대며 실망을 표하기 시작한다. 김 과장의 진정한 마음건강 피트니스는 지금부터다.

승진자 발표가 나고 며칠이 지난 어느 날, 김 과장은 출근 후 오전 10시 정도에 점심 메뉴에 대해 생각한다. 남자는 제육 아니면 돈가스라는 신념의 김 과장은 제육볶음을 정하게 되는데, 갑자기 지난주 김 부장과 제육볶음을 먹으며 업무에 대해 지적받은 일이 불현듯 떠올랐다. 이 생각은 꼬리에 꼬리를 물어 과거 있었던 김 부장과의 소소한 논쟁이 소환되고 이것이 승진에 불이익을 주지 않았을까 하는 생각으로 연결된다. 지금 하는 프로젝트의 최종 승인권자가 김 부장이다 보니 지금까지 작성한 기획안이 맞는 방향성인가 하는 의문이 생기고 또 이번 주 예정된 회식에서 김 부장과 인간적인 대화를 좀 더 해야 하나 하는 고민에까지 연결된다.

이처럼 승진에서 탈락했다는 마상은 시도 때도 없이 불쑥불쑥 올라온다. 출근길에, 아침 샤워 중에, 오전 회의시간 중에, 보고서 작성 중에, 동료들과 점심식사 중에 등등 내가 조절할 수 없는 빈도로 자주 발현할 것이다. 그리고 이 생각은 꼬리에 꼬리를 물고 상사에 대한 원망, 자신이 좀 더 노력하지 않음에 대한 후회, 내년에 또 탈락하면 어쩌나 하는 불안감까지, 그 시간을 종잡을 수 없을 만큼 길고도 오래 내 마음을 어지럽게 할 것이다.

바로 이때 '아, 내가 생각의 소용돌이에 들어갔구나.' 하고 빨리 알아차려야 한다. '알아차리는 게 뭐가 그리 어려운 일인가.'라고 생각하는 사람들도 있겠지만 실제 '불안한 마음이 올라왔구나.'를 알아차리는 사람은 생각보다 많지 않다. 나도 모르게 그냥 그 불안한 마음이 계속 진행되도록 내버려 두는 이들이 대부분이다. 따라서 직장인들은 '불안한 마음이 시작되었구나.'라는 것을 빨리 알아차리도록 인위적으로라도 연습해야 한다.

명상전문가가 아닌 직장인으로서 여러 시행착오 끝에 개인적으로 가장 효과가 있었던 방법은 '어, 얘 또 시작했네?' 하며 알아차리는 것이다. 안 좋은 생각과 마음이 일어났다는 것을 알아차리면 그것을 내가 아닌 다른 누군가가 한 것을 인지한 것처럼 '얘 또 시작했구만.' 하고 느끼는 것이다. 그러면 불안해하는 나와 그것을 지켜보는 나를 구분해 불안해하는 나를 객관화 시킬 수 있다.

일단 알아차렸다면 마음공부는 시작된 것이다. 이후 같은 생각들이 떠오르면 알아차린 다음이기 때문에 불안한 마음을 한번 지켜보도록 한다. '지켜본다는 것'도 처음엔 선뜻 이해 가지 않는 말이긴 한데 그냥 내 마음속에 불안한 마음이 무슨 얘길 하는지 제삼자가 보는 것처럼 무심하게 바라본다는 느낌으로 이해하는 것이 좋다. 마치 CCTV를 통해 내 모습을 외부에서 지켜보는 것과 비슷하다.

내 불안한 마음을 만들어내는 무엇인가가 또는 다른 누군가가 내 마음 안에 존재한다는 것을 느끼고 그 마음이 만들어내는 불안함을 지켜보자는 것이다. 그렇게 되면 그 전까지는 불안한 마음을 만드는 사람과 나 자신이 동일한 인물이라고 생각했는데 CCTV처럼 지켜보기 시작하면 그 둘이 하나가 아니고 다른 존재라는 느낌이 들기 시작한다. 불안한 마음을 만드는 존재는 많은 명상서에서 얘기하는 '에고'인 것이고 이 에고와 진짜 나를 구별해 내는 것이 마음건강 수련의 첫걸음이 된다.

처음엔 무심하게 지켜보기란 쉽지 않다. 불안한 마음은 지켜보더라도 꼬리에 꼬리를 물고 이어질 수도 있다. 특히 김 과장의 경우 내년에 또 승진이 안 되면 어떡하지 같은 If가 반드시 들어온다. If의 순간부터 에고가 본격적으로 활약하기 시작한다. 그럴 땐 지켜보는 것에 머물지 말고 멈추려고 시도하는 게 좋다. 단, 인위적으로 생각을 끊으려 하지는 말자. 그러면 그 불안한 마음은 더 크게 다가올 수도 있다. 산책가고 심호흡을 하고 눈을 감고 그냥 If가 스노우볼을 만들지 않도록 해보자는 것이다.

출근을 앞둔 일요일 밤에 불면에 시달리는 직장인들이 많다. 그들은

1. 이왕 벌어진 일, 그냥 받아들이자

빨리 잠이 들기 위해 '양 한 마리, 양 두 마리…'를 마음속으로 세어보거나 이런저런 상상과 망상의 시간을 보내기도 한다. 시간은 점점 흘러 새벽 2시, 3시가 되고 급기야 출근을 위해 알람을 맞춰 둔 6시가 거의 다 된 5시를 뜬 눈으로 맞이할 때도 종종 있다. 그러면 많은 직장인은 '이제 잠자기는 어려우니 눈만 좀 감고 있다 일어나야겠다.'라고 수면의 의지를 포기한다. 하지만 그렇게 노력을 해도 오지 않던 잠이 참으로 신기하게도 그것을 포기하는 순간 드디어 깊은 잠에 빠져든다. 그리고 한 시간 뒤 여지없이 울리는 알람 소리에 찌뿌둥한 머리를 안고 잠에서 깬다.

뇌과학적으로 보면 잠을 자야 한다는 강박관념은 뇌에 계속 부하를 주어, 뇌가 계속 일을 하게 해서 결과적으로 잠자리에 들지 못한다. 오히려 잠을 포기하는 순간 그제야 뇌도 잠자기 위한 노력과 일을 멈추고 휴식에 들어가는 바로 그 순간 잠들기 시작하는 것이다.

마음공부에서 멈추어 보는 것도 이와 유사한 방식이다. 어지러운 마음과 생각을 갑자기 정지시키려는 stop이 아닌 일시 중지하는 pause 같은 느낌을 생각해 보자. 브레이크를 밟아 생각이라는 차를 급격히 세우는 것이 아니라 엑셀에서 발을 서서히 떼는 정도의 느낌이 필요하다. 이 과정을 몇 번 거치면 나쁜 감정이 조금씩 서서히 사라져 감을 느낄 수 있다.

이런 과정을 생각이 올라올 때마다 계속 반복한다. 가끔은 좀비처럼 계속해서 올라오는 나쁜 생각들이 있더라도 그럴 때마다 알아채고, 지켜보고, pause 하기의 훈련을 꾸준히 하면 생각의 눈덩이가 점점 작아지게 되고 어느 순간 나쁜 감정이 올라오는 빈도가 줄어드는 것을 알게 된다. 이 과정을 반복하는 것이 바로 마음건강 피트니스의 시작이다.

하루에도 몇 번씩 생긴다. 출근하다가, 회의하다가, 문서 만들다가, 화장실 갔다가, 점심 먹다가, 회식하다가, 자기 의지와 상관없이 불쑥불쑥 올라오는 것은 불안한 마음, 그것이 바로 가짜 나인 에고의 속성이다. 하지만 이 역시 자연스러운 현상이니 이 가짜 나를 빨리 알아차리고 지켜보는 것으로 마음공부를 시작해 보자.

3월 초에 진급이 안 된 김 과장이 가장 고통스러운 3, 4, 5월의 시기를 이 마음건강 수련으로 극복하다 보면, 어느덧 6월이 되어 여름휴가를 준비하는 시기를 맞는다. 휴가는 막상 가는 것보다 준비하고 예약하고 하루하루 기다리는 과정이 더 즐겁다는 것을 우리 직장인들은 잘 알고 있다. 그 즐거운 과정을 거치고 휴가를 다녀오면 이제 여름은 가고 찬 바람 부는 가을이 시작된다. 가을의 시작과 함께 달콤한 추석 연휴를 보내고 10월이 되면 대부분의 회사는 내년도 경영계획을 세우기 시작한다. 비로소 진급이 안 된 그 힘들었던 해를 보내고 내년을 준비하는 시기가 된 것이다. 그리고 그즈음이면 이미 과거에 대한 안 좋은 기억들은 많이 잊히고 내년에 대한 기대감이 그 자리를 대신하게 된다.

이제 김 과장이 이 시기에 할 것이라곤 진급시켜주지 못한 상사가 가질 미안함을 적절히 상기시켜 주어, 내년 상황을 유리하게 만들고 해당연도의 실적관리를 잘해서 불이익의 요소를 없애는 것뿐이다.

모든 것은 마음관리가 잘 되어 가능했지 만일 그러지 못했다면 김 과장의 내년 진급은 어떻게 됐을까? 상사 및 동료들과 트러블을 일으키고 화병으로 술 마시고 몸이 축나고 많은 스트레스에 우울 증상까지 보이며 가족관계도 안 좋아지지 않았을까? 그 결과 개인 실적도 좋지 않고 결국 다음 해 승진에서 더 불리한 상황에 놓이게 됐을 것이다.

마이클 싱어의 내맡기기 실험

위와 같은 김 과장의 승진 탈락의 아픔을 저항하지 않고 있는 그대로 받아들이는 자세는 다음 해 더 좋은 결과를 가져올 것이다. 세계적인 영성학자 마이클 싱어(Michael A. Singer)는 그 인생의 대부분을 이런 마인드로 살아왔고 그 결과 더 좋은 삶을 살 수 있게 되었다고 사람들에게 얘기하고 있다. 마이클은 있는 그대로 받아들이는 삶을 '항복 실험(The Surrender Experiment)'이라고 이름 붙였고 이는 한국어로 '내맡기기 실험'이라고 불린다.

마이클은 영성학자이자 베스트셀러 저자임은 물론 소프트웨어 회사의 기업가로도 큰 성공을 거둔 인물인데, 자신의 이 같은 모든 성공은 억지로 의도했다기보다 그냥 삶에 내맡긴 결과라고 얘기한다. 항복이 주는 의미가 부정적이어서 그런지 한국어 번역으로는 '내맡기기' 정도로 수정되었지만 사실 의미적으로는 삶에 저항하지 않고 항복하는 것이 좀 더 강하게 와닿는다. 마이클은 좋고 싫음이라는 감정을 버리고 세상이 나에게 준 흐름에 자신을 온전히 맡겨 보기로 했는데, 그 첫 시작은 가장 쉽게 접할 수 있는 날씨였다.

보통 사람들은 비가 올 때면 왜 하필 오늘 비가 오는지에 대해 불만을 느낀다. 마이클은 비에 대해 부정적 생각이 떠오를 때면 '참 아름답구나! 비가 내리네.'라고 생각을 바꾸는 것으로 내맡기기 실험을 시작했다. 실험 규칙은 간단했다. 그저 '삶이 내게 가져다주는 사건들을 내 자아 너머로 나를 데려가기 위한 손님처럼 대하기'였다. 어떠한 결과가 나오더라도 그것에 저항하지 않고 있는 그대로의 사실을 긍정적으로 받아들였다.

대신 그 결과가 나오기 전까진 그것이 자신에게 주어진 소명이라고 믿고 그 일을 달성하기 위해 최선을 다했다. 받아들이기나 내맡기기 공부를 하는 많은 이들이 오해하고 있는 것 중 하나가 그냥 아무런 노력도 하지 않고 지내다가 그 결과가 나오면 그대로 순응한다는 것인데, 이는 절대 사실이 아니다. 목표한 바를 이루기 위해 최선을 다하되 그 결과에 대해선 집착하지 않고 결과를 담담히 받아들이자는 것이다.

마이클도 건축사업으로 성공하거나 소프트웨어 회사가 성장하거나 베스트셀러 작가로 세계적인 명성을 얻거나 하는 과정에서 하루의 시간도 허투루 쓰지 않고 최선을 다하는 삶을 살았다. 당연히 그 과정에서 실패도 맛보고 어려움도 겪었다. 그러나 그런 일들을 있는 그대로 받아들이고 다음 단계를 위해 또다시 도전하고 또 노력했다. 마이클이 이런 내맡기는 삶을 살기로 한 가장 큰 이유는 '삶이 나보다 더 잘 안다(Life knows better)'라는 깨달음 때문이었다.

학부에서 지질학을 전공한 나는 우주의 광대함과 지구역사의 장대함에 대해 생각할 기회가 많았다. 46억 년의 지구역사에서 현생인류인 호모사피엔스가 출현한 것은 겨우 35만 년 전이며 인류문명이 시작된 것도 채 만 년이 되지 않는다. 그 기간 지구는 수많은 지층이 켜켜이 쌓인 퇴적암을 만들고 마그마의 분출을 통해 화강암과 현무암을 만들었으며 온도, 압력의 변화로 광물 성질이 변한 변성암도 만들어냈다. 또 지구는 수많은 화산폭발과 지진, 해일, 홍수 그리고 이로 인한 빙하기와 간빙기 등을 거치며 지금의 모습을 만들었다.

인간의 관점에서 이런 기후변화와 지각변동은 많은 생명체를 절멸시키는 무시무시한 현상이지만 사실 이 과정을 통해 바다의 생명체들이 재배치되어 훨씬 강한 생태계를 유지할 수 있고 지각 역시 더 단단하고 안정되게 재조직되는 것이다.

인간의 수명은 길어봐야 100년 남짓으로 이 거대한 지구역사와 그 기간의 변화와 비교하자면 티끌조차도 되기 어렵다. 그런 인간이 거대한 자연변화에 대해서 그 이유를 알기엔 너무 미미한 존재가 아닐 수 없다. 하지만 이러한 역사와 자연변화의 집합체가 곧 인류의 삶이다. 그런 삶이

한 개인보다 더 나를 잘 알 수 있다고 생각하는 것은 그리 어려운 일이 아니다.

따라서 삶이 나보다 더 나를 잘 안다는 것을 받아들이면 개인이 노력하는 대상의 결과에 대해서도 겸허히 수용하게 된다. 그리고 묵묵히 받아들이는 과정을 거치면 당연히 집착에 따른 마음의 고통도 줄어들게 되고 결과적으로 그다음 단계에 예기치 않은 성공을 가져올 수도 있다.

마이클 싱어는 이 간단한 사이클의 진리를 진작에 깨달았고 그 내맡김의 실험을 꾸준히 해온 결과 지금의 성공과 명성을 얻을 수 있었다. 우리 직장인들도 마찬가지다. 승진 탈락이라는 현상을 김 과장이 있는 그대로 받아들이고 그런 현실의 삶에 온전히 자신을 내맡긴다면 곧 모든 생활의 사이클이 정상화 될 것이며 머지않아 더 좋은 결과를 맞이하게 될 것이다. 이처럼 내맡기기 실험은 뛰어난 영성학자들만 하거나 멀고 험한 명상수련을 통해서만 할 수 있는 것이 아니라 우리 일상의 직장생활에서도 충분히 적용 가능한 수행방법이다.

지나고 보니 내 인생도 삶에 맡긴 거였더라

마이클 싱어의 내맡기기 실험은 탁월한 성공을 거둔 사람들에게만 일어나는 특별한 현상일까? 자의적 의사결정에 의해 내맡기진 않았지만, 지금까지 흘러온 내 인생은 과연 어땠을까? 50대에 접어들며 나는 이런 생각을 종종 하곤 했다. 그리고 내 인생을 반추해 보았는데 주요 변곡점에서 의외의 일들이 생겼다는 걸 발견할 수 있었다.

내 학부 전공은 지질학이고 첫 직장은 '삼성엔지니어링'이었다. 삼성에서의 5년 근무 후 2000년 초 닷컴 붐이 일 때 CFA(국제재무분석사; Chartered Financial Analyst)를 주 대상으로 하는 온라인 금융교육회사를 창업하여 3년 가까이 운영했다가, 이후 동업자에게 지분을 넘긴 후 MBA를 떠났다. MBA 졸업 후 새 직장을 구하면서 현실적인 고민에 빠지게 되었다.

지질학에서 엔지니어링으로 이어지는 연결고리를 끊고 새로운 인더스트리에서 직장을 찾는 것이 나의 MBA 진학 목표였다. 당시 내가 주로 찾던 산업군은 소비재 산업이나 미디어 커뮤니케이션 같은 고객 접점이 넓고 마케팅이 중요한 회사들이었다. 나 자신을 돌이켜보면 개인적 성향이 대중문화를 좋아하고 콘텐츠 생산을 즐기며 특히 대중들이 현시점에서 무엇을 원하는지 하는 니즈 분석에도 관심이 많았기 때문이었다. 따라서 엔지니어링 같은 중후장대 산업보다는 확실한 경박단소형 산업으로 커리어를 바꾸고 싶었다.

하지만 아무리 MBA를 취득해도 전 직장 커리어를 포함하여 지원자를 평가하는 잡 마켓의 특성상 나를 원하는 회사는 거의 모두 국내 건설

회사였다. 지질학 전공에 엔지니어링 백그라운드이다 보니 건설회사 말고는 크게 매력 있는 커리어가 아님은 어쩔 수 없는 현실이었다. 그나마 다행이라면 건설사의 전통적인 시공이나 관리부서가 아니라 전략기획이나 신사업 같은 역할로 오퍼가 들어왔다.

총 세 군데 오퍼를 받았는데 그중 둘은 국내 10대 건설사였고 나머지 하나는 도급순위로는 70위권 회사였다. 그리고 나의 최종 결정은 70위권 회사인 CJ 건설이었다. 내가 CJ 건설을 택한 이유는 딱 하나였다. 헤드헌터가 회사를 설명하길 CJ가 건설회사로서 규모는 작지만, CGV나 공연장 같은 엔터테인먼트 베뉴에 특화되어 있고 나인브릿지라는 당시 국내 최고의 골프장도 제주에 운영한다는 것이었다. 즉 일반 시공 위주의 건설사와 달리 콘텐츠나 서비스가 가미된 건설을 하고 있으며 그곳에서 새로운 비즈니스를 위한 신규사업 기획을 담당할 사람을 찾고 있다는 것이었다.

CJ 건설에서 했던 신사업은 매력적이었다. 초고령화 시대를 대비한 실버 사업, 국내에 개념이 도입되기 시작한 부티크 호텔 사업, 아직 국내에 존재하지 않았던 카레이싱 트랙 사업 등을 진행했고 특히 CJ의 엔터테인먼트와 F&B 역량을 총집결한 멀티콤플렉스 사업의 TF에 참여했다. 그룹 복합화라고 부르는 멀티콤플렉스 사업을 하기 위해선 음악·영화·미디어 등 다양한 계열사 사람들과 만나야 했는데, 그들로부터 새로운 영감을 많이 받았다. 내가 정말 하고 싶은 크리에이티브 한 일을 하는 그들은 외모에서부터 생각하는 것에 이르기까지 일반 직장인들과는 크게 달라 보였다. 그리고 자신이 좋아하는 일을 직업으로 삼는다는 것이 얼마나 행복한지도 간접경험 할 수 있었다.

　1년이 넘는 TF 기간에 난 새로운 경험을 했고 그 과정에서 많은 노하우 등을 접할 수 있었다. 그리고 그 TF에서 얻은 것들을 그대로 사장시키기 아쉬워 책을 한 권 써 보기로 했다. 월급쟁이가 갑자기 책을 쓴다는 것은 쉬운 일이 아닌데 그렇게 결심한 데는 이유가 하나 있었다. 그즈음 회사에서 반드시 이수해야 할 필수 온라인 교육과정이 있었는데 그 과정은 '소중한 것 먼저 하기'란 수업이었다. 당시 붐이었던 스티븐 코비 박사의 자기계발 과정을 온라인으로 만든 것이었다. 그리고 그 수업 마지막 날 제출해야 할 숙제가 하나 있었다. 그것은 바로 자기 인생의 '미션 스테이트먼트'를 작성하는 것이었다. 나에게 주어진 소명이 무엇이며 내가 궁극적으로 이 세상에 남기고 가야 할 것이 무엇인지를 스스로 적어보는 것이었다. 그 숙제에 대해 2005년의 난 이렇게 적었다.

　　"즐거움을 줄 수 있는 사업을 통해 많은 사람이 즐거워하고, 교양을 넓히고, 궁극적으로 행복을 느끼게 하겠다. 이를 위해서 말과 글을 통해 즐거움의 콘텐츠를 직접 생산하고, 이것이 사람들에게 효과적으로 전달될 수 있도록 조직의 역량 및 자원을 최적의 전략 속에서 활용할 것이다."

19년이 지난 2024년 이 글을 쓰고 있는 지금, 2005년 당시의 미션 스테이트먼트를 다시 보면서 내 삶이 이끌어 온 지금까지의 내 인생에 대해 다시금 겸허한 마음으로 바라볼 수밖에 없다. 19년 전 30대 중반의 패기 넘치고 혈기 왕성했던 나는 미래가 불안했다. 하고 싶은 일과 하고 있는 일의 괴리를 느끼고 있었고 나이는 먹어가는데, 조금만 더 지나면 탈출하기도 점점 어렵다는 것도 알고 있었다. 그러나 지나고 보니 결국 난 그 이후 내가 기대했던 것보다 훨씬 더 내가 하고 싶은 일을, 내가 좋아하는 일을 할 수 있었다. 계획을 철저히 세워 그 계획에 따라 움직인 것은 절대 아니었고 삶이 이끄는 대로 따라갔는데 결국 내가 생각했던 것보다 훨씬 더 행복한 길로 가게 된 것이다.

주중엔 회사를 가고 주말에 집필하는 생활을 꼬박 1년 가까이 해서 2006년 〈엔터테인먼트 경제학〉이란 책을 출간했다. 당시 기획팀 소속이었는데 마침 TF도 끝난 시점이고 해서 인사팀에 그룹 내 엔터테인먼트 계열사로 전배 요청을 했다. 이 책이 매개체가 되었는지 회사에서도 흔쾌히 전배에 동의하고 옮겨갈 계열사를 찾아주기 시작했다. 몇 개 회사와 전배를 논의하던 중 그룹에서 음악전문회사인 '엠넷미디어'란 회사를 설립하기로 했다는 얘기를 들었다.

당시 CJ 그룹 내 음악 관련 회사는 Mnet, KM 뮤직의 케이블 채널과 음반제작, 유통사업을 하는 CJ 뮤직 뿐이었는데, 여기에 연예 매니지먼트 회사, 콘서트 회사, 온라인 음원 플랫폼 회사를 인수 합병하여 한 회사로 출범키로 했다는 것이었다. 당시 CGV가 미래 극장사업을 위해 Next CGV팀을 만드는데, 그 회사로 전배하는 것이 거의 유력한 상황이었다. 그룹 복합화 사업의 주체가 CGV였으니 어쩌면 공간과 관련된 회사로 옮기는 건 자연스러운 상황이기도 했다.

그런데 음악과 관련된 모든 것을 가지고 있는 국내 초유의 회사가 탄생한다는 소식을 들은 난 고민에 빠졌다, 그 회사로 가고 싶다는 생각이 간절히 들기 시작했으며 이 기회를 놓치면 얼마 지나지 않아 40대가 되기에 더는 기회가 오지 않을 거란 생각이 들었다. 다행히 당시 CJ 그룹 회장실에 아는 선배가 있었다. 난 그 선배에게 부탁했고 선배가 엠넷미디어 대표이사를 소개해주어 티미팅을 할 수 있었다. 미팅을 잡았다는 것은 기쁜 일이었지만, 내 경력에 음악산업이 없는 큰 핸디캡을 안고 있는 것이 걱정이었다. 그래도 이 소중한 기회를 놓치면 안 된다는 마음가짐으로 티미팅에 참석했다. 그런데 첫 만남에서 대표이사의 반응이 의외였다. 대표이사가 나를 알고 있다는 것이었다. '아니, 나를 안다고?'

〈엔터테인먼트 경제학〉은 꽤 인기를 끌었다. 당시는 한류 붐이 막 불기 시작한 직후이고 미디어나 대중문화사업이 점차 산업군으로서 규모를 확대해 나갈 때였다. 시류에 맞았던 걸까? 책 출간 이후 여기저기 미디어들과 인터뷰가 많이 진행되었다. 그러던 중 MBC 라디오 '손에 잡히는 경제'라는 프로그램에서 전화인터뷰 요청이 왔다. 하필 출근 시간에 생방송 인터뷰가 잡혀 방송국으로 가지는 못하고 집에서 전화인터뷰를 하고 출근했다. 그런데 그 인터뷰를 대표이사가 출근길에 차 안에서 들었다는 것이다.

세상에 이런 우연이 있을 수 있나? 인터뷰 요청이 오기 전까지 그 라디오 프로를 한 번도 들어본 적 없었고 프로그램의 존재도 모르고 있었는데, 그걸 생방송으로 들은 분이 바로 내가 옮기고 싶었던 회사의 대표이사였다. 이 기막힌 행운 덕분에 난 그룹 인사팀과도 얘기가 잘 되어 드디어 엠넷미디어로 옮길 수 있었다. 더군다나 음악사업 경력이 없던 내가 받은 보직은 온라인 뮤직 플랫폼인 '엠넷닷컴'의 마케팅팀장이었다.

음악산업 경험은 없었지만, 과거 온라인 금융교육회사를 창업하고 운영한 것은 디지털 사업 경력으로 인정받았다. 사실 창업 초기엔 디지털 동영상 촬영기기도 없었던 시절이라 강의를 8밀리 VHS 카메라로 내가 직접 촬영하고 개발자 한 명이 이를 디지털로 인코딩하고 사이트를 운영하였다. 그러다 보니 혼자서 강사 섭외부터 디지털마케팅, DB 관리 등을 모두 할 수밖에 없었는데 결국 그 경험이 나중에 음악플랫폼의 디지털마케팅 업무를 수행하기에 매우 도움이 된 것이다. 정말 여러 가지 인연과 행운이 합쳐져서 드디어 내가 진정으로 하고 싶었던 일을 할 수 있게 되었다. 그리고 나는 엔지니어링이라는 경력을 넘어서 디지털과 마케팅의 세계에 본격적으로 들어갈 수 있었다.

30대의 나는 뭔가를 해보려고 많은 시도를 했고 그만큼의 노력도 한 것 같다. 당시에는 너무 운이 좋다고만 생각했는데 20년이 지난 지금 생

1. 이왕 벌어진 일, 그냥 받아들이자

각해 보면, 나를 칭찬해주고 싶을 정도로 발버둥 친 것 같기도 하다. 내 전공과 첫 직장을 극복하기 위해 창업도 해 보고 유학도 갔다. 그래도 극복하기 어려워지자, 그나마 연결고리가 많은 CJ 건설로 직장을 찾았고 그 안에서 콘텐츠와 관련된 여러 프로젝트에 참여했다. 그리고 책을 썼다.

50세가 넘은 지금 돌이켜봤을 때, 당시 가장 잘한 일은 실망하지 않았던 점이다. 전공과 첫 직장 경험을 극복하기란 쉬운 일이 아님을 알았고, 노력한다고 해서 첫술에 배부를 일이 아니라는 것도 알았었다. 그래서 두드려서 안 열리면 또 다른 문을 두드리는 노력을 계속 기울였다. 그러다 보니 내가 두드리지도 않았는데 엠넷미디어라는 회사가 만들어졌고, 마침 그날 대표이사가 내 인터뷰 방송을 들은 것이었다.

기회와 준비가 만나는 것이 운이라고 했던가? 나도 모르게 준비를 하고 있었고 그렇게 준비한 것에 세상이 응답해 준 것 같다는 생각이 들었다. 마이클 싱어처럼 내 삶을 세상에 내맡기겠다는 생각은 하지 않았다. 대신 내가 가고자 하는 길을 위해 부단히 노력했다. 그랬더니 삶은 내게 길을 열어주었다. 30대 중반에 쓴 〈소중한 것 먼저 하기〉 수업의 과제였던 미션 스테이트먼트를 늘 떠올리며 살아온 것은 아니지만 지나고 보니 그 유사한 삶을 살아오고 있었다. 결국 '삶이 나보다 더 나를 잘 안다.'라는 사실을 받아들일 수밖에 없었다.

할 일은 하되 오버하지 말라, 노자의 무위자연

3, 40대는 직장에서 한창 성장해야 할 시기이기에 동양고전 중 논어를 대표로 하는 공자, 맹자의 책을 많이 접한다. 하지만 직장을 떠날 준비를 하거나 실제 떠나게 되어 또 다른 제2의 인생을 준비해야 하는 50대부터는 도덕경으로 대표되는 노자, 장자 사상에 더 관심을 두게 된다.

나는 40대 중반에 도덕경을 처음 접했는데 도덕경은 마치 한 편의 시처럼 은유와 묘사로 점철되어 있어 서사가 부족한 그 내용을 쉽게 이해하고 공감하기 어려웠다. 특히 앞서 얘기한 '받아들이기' 단계에선 어려운 현실과 어지러운 마음을 받아들여야 하며 피할 수 없으면 즐겨야 한다는 금과옥조의 이론을 모르는 바가 아니지만, 머리로 이해한다고 마음까지 그것을 수용하기엔 쉽지 않은 것이 사실이었다. 하지만 도덕경의 여러 해설서를 읽고 저명한 인물들의 강의를 들어가며 조금씩 그 깊은 깨달음의 세계에 접근하기 시작했다. 이때 많은 도움을 받은 노자의 사상이 바로 '무위자연'이다.

무위자연은 억지로 하는 것을 삼가고 자연의 순리와 현 상황을 받아들이고 이에 내맡기라는 의미를 지니고 있다. 보통 사람들은 무엇인가 변화가 생기거나 어려움이 발생하면 이를 빨리 극복하기 위해 좀 무리가 되더라도 무엇인가를 하려고 하는 경향이 많다. 이는 매우 당연한 현상으

1. 이왕 벌어진 일, 그냥 받아들이자

로 실제 그런 과정을 겪어야 그 어려움을 탈출할 수 있기도 하다.

하지만 그 결과가 원하는 바가 아닐지라도 그것에 집착하지는 말아야 한다. 노자가 말하는 무위자연을 아무것도 하지 말고 그냥 받아들이고 기다리라는 뜻으로 오해하는 이들이 있는데, 이는 크게 잘못된 해석이다. 무위자연은 상황은 받아들이되 정상적인 방법과 적절한 시기를 봐가며 극복하는 시도를 하라는 의미이며, 뭔가 자연스럽지 않고 섣부른 시도를 하는 것을 삼가라는 것이 좀 더 정확한 해석일 것이다. 간단히 말하자면 오버하지 말라는 얘기다.

'행함이 없는 행함'으로도 표현되는 무위자연은 금융시장에서 종종 그 사례가 잘 발견된다. 주식 장이 폭락일 때 그 손실을 만회하기 위해 물타기를 자주 하거나 하락 종목을 추가매수 하는 등의 행위는 오히려 더 큰 손실이 발생하기 쉽다. 현금 보유를 늘리고 매수매도를 자제하며 시장을 관망하는 행위, 즉 투자하지 않지만, 최고의 투자행위가 되는 것이 바로 무위자연의 대표적인 사례다.

회사에서 뭔가 일이 잘못되어 한직으로 발령 나거나 프로젝트에서 배제되는 상황이 발생했을 때도 마찬가지이다. 이 상황을 빨리 되돌리기 위해 여기저기 인맥을 동원해 줄을 대거나 아니면 무리수가 되는 행동을 추진하는 것은 오히려 그 상황을 극복하는 데 독이 되는 경우가 많다. 마음에 들지 않는 자리나 역할이라 해도 불평하지 않고 그 일을 묵묵히 수행해 내는 것, 그것이 오히려 그 상황을 탈출할 수 있는 첩경이 되는 것임을 많은 조직 내에서의 일화들은 증명하고 있다.

올바름과 친절함 사이에서의 선택은 친절함이다

총 81장으로 이루어진 노자 도덕경을 관통하는 메시지는, 바로 1장인 도가도비상도道可道非常道, 명가명비상명名可名非常名이다. '도를 도라고 말할 수 있으면 그것은 진정한 도가 아니고, 이름을 이름이라 말할 수 있으면 그것은 진정한 이름이 아니다.'라고 풀이된다. 사람들은 이 1장의 추상적인 의미의 벽을 넘지 못하고 도덕경 공부를 끝까지 못하는 경우가 많다. 내 경우도 1장에 대한 고민을 오래 했고 여러 해석을 공부했으며, 이후 개인적인 경험과 가치관에 녹여 도덕경 1장의 의미를 받아들일 수 있었다.

'도가도비상도'에서의 도는, 진리, 사실, 법, 참인 명제 등으로 해석할 수 있다. 이를 바탕으로 그 의미를 파악하자면, 하나의 사실에 대해 그것이 진리라고 말할 수 있다면 그것은 영원한 진리가 아니다. 즉 영원한 진리, 100% 진리라고 말할 수 있는 것은 없으며 일정 부분은 진리가 아닌 것도 그 현상이나 사실에 포함된다는 것이다.

도덕경의 이와 같은 주장은 논리적 사고를 우선으로 하는 좌뇌형 인간이나 특히 정답을 찾는 성향이 강한 이공계 출신의 사람들에겐 받아들이기 어려운 사실이다. 하지만 도덕경이 과학을 다루는 것이 아니라 인간관계 속의 솔루션을 찾는 사상임을 생각한다면 관계 속에서의 진리는 100% 완전무결하지 않다는 것에 동의할 수밖에 없다.

사람 사이의 관계에서 어느 일방의 잘못이 있을 수 있을까? 부부간의 다툼도 그렇고 회사 내에서의 인간관계도 그렇고 죽기 살기로 싸우는 정치의 여야관계도 마찬가지다. 이 모든 관계 속에서 어느 일방의 100% 과실이나 잘못을 주장하기는 어렵다. 하지만 인간이란 존재는 갈등의 상황에선 지극히 주관적인 판단을 하게 되고 또 내 마음속의 에고가 만들어내는 또 다른 분노와 적개심 등이 마음을 지배하게 되면 자신이 무조건 맞고 상대방은 완전히 틀렸다는 망상에 빠지게 된다. 그 결과 많은 경우 관계가 파탄에 이르게 되고 돌이킬 수 없는 갈등 상황이 발생해 결과적으로 파국에 이르기도 한다.

줄리아 로버츠 주연의 영화 '원더'는 많은 명대사를 남긴 것으로 유명한데 그중 하나는 "올바름과 친절함 사이에서 선택할 경우 친절함을 선택하라. (When given the choice between being right and being kind, choose kind)"이다. 초등학교 선생님이 개학식 날 학생들에게 전달하는 이 메시지는 아이들이 그 의미를 온전히 이해하긴 어렵다 하더라도 아이들의 가치관을 형성하기엔 더없이 훌륭한 가르침이다.

여기서 말하는 올바름이란 객관적인 정답이나 진리가 아니라 그냥 내가 옳다고 생각하는 개인적인 주장일 것이다. 내가 그것이 올바르다고 믿고 있거나 믿고 싶은 것이지 그것이 전혀 사실이 아닌 경우도 많다. 따라서 상대방에 대한 불친절함과 무례를 감수하고서라도 나의 주장과 생각을 올바름으로 포장해서 전달한다면 그 두 사람의 인간관계는 파탄이 나고 오히려 또 다른 적을 만들어내는 결과를 초래할 것이다.

나도 직장생활 중 유사한 경험을 한 적이 있다. 특히 40대까지는 올바르다고 생각하는 것이라면 껄끄러운 상대방이나 상황이라도 얘기를 해주는 것이 진정한 용기라는 가치관을 따르고 있었다. 그것이 상사에 대한 직언이거나 후배 사원에 대한 직설적인 충고의 형태라도 하는 것이 옳다고 생각했다. 설령 그 결과로 내가 오해를 받거나 피해를 본다고 하더라도 그 상황이라면 하는 것이 맞고 또 그것이 직업윤리라고 생각했다. 그리고 실제로도 그런 신념 아닌 신념을 결행하기도 했다.

하지만 그건 나의 착각이었다. 지나고 보니 그건 안 하는 게 맞는 일이었다. 나는 옳다고 생각한 일이지만 그건 옳은 것도 그른 것도 아니었다. 그냥 내 생각에 불과했으며, 결과적으로 안 하니만 못한 일이 되었다. 나이 50세가 넘어 깨달은 그 진리를 영화 '원더'를 보며 다시금 느낄 수 있었다.

데일 카네기 〈인간관계론〉의 1장에 '꿀을 얻으려면 꿀통을 발로 차지 말라' 즉, 인간관계에서 비판하거나 비난하거나 불평하지 말라는 것도 같은 맥락이다. 관계 속에선 정답이란 없는 것이니 그냥 친절함을 유지하라는 의미이다. 인간의 본성이 자기합리화를 추구하는 것임을 안다면 객

1. 이왕 벌어진 일, 그냥 받아들이자

관적이지도 않은 자기주장과 생각을 타인에게 비난이나 때로는 충고의 형태로 전달하는 것은 인간관계에서 꿀통을 발로 차서 망치게 만드는 것과 같다. 특히 충고라는 당의정을 바른 얘기가 가장 위험하다.

방송인 유재석이 출연하는 '유 퀴즈 온 더 블록'이라는 프로그램에서 한 초등학생이 잔소리와 충고의 차이점에 대해 명언을 남겼다. "잔소리는 왠지 모르게 기분 나쁜 말인데, 충고는 그냥 더 기분 나쁘다."라고. 충고라는 포장지를 빌려 정답도 아닌 자기주장을 강요하는 것이 더 기분 나쁜 일이라는 것을 이 초등학생은 명확히 알고 있었다.

없는 상사가 최고의 상사다

직장에서 리더들도 많은 스트레스를 받는다. 리더들도 상사가 있긴 하지만 요즘 대세가 된 MZ 세대 후배직원들과의 관계에서도 많은 부담을 안고 있다. 리더들의 기준으로 보면 후배직원을 꾸짖을 상황이 발생하는데도 꼰대 같은 상사가 되기 싫거나 괜한 입방아에 오르기 싫어 혼자 끙끙하며 참을 때도 많다. 이런 후배들로부터 받는 바텀업 스트레스는 어디서 하소연하기도 힘들어 이것들이 쌓여 마음의 병이 되기도 한다.

도덕경 내용 중 많은 부분이 군주의 도리를 말하는 것이라 리더십과 관련된 내용이 자주 발견되는데, 특히 17장은 MZ 세대를 대하는 현대 리더의 모습이 어때야 하는지를 보여주고 있어 요즘 같은 시대에 좀 더 주목받는다.

> "가장 훌륭한 리더는 사람들이 그가 있다는 존재 정도만 알고 있는 리더이다. 그다음 리더는 사람들이 가까이하고 존경하는 리더이다. 그 다음은 사람들이 두려워하는 리더이며 가장 하수의 리더는 사람들의 업신여김을 받는 리더이다. 모든 일이 잘 이루어진다면 사람들은 '리더의 공이 아니라' 그 일들은 저절로 이루어진 것으로 생각한다."

조직 내에서의 스트레스는 비단 직급이 낮은 연차의 직원이나 부하직원들만 받는 것이 아니다. 많은 구성원을 상대해야 하는 리더들의 스트레스도 결코 그에 못지않다. 특히 성취감, 합리성, 자기주장 등이 강하며 '이걸요?' '왜요?' 제가요?'의 '3(Three)요'로 무장한 MZ 세대가 회사의 실무와 허리 역할까지 담당하는 요즘, 과거 10년, 20년 전 업무를 처음 배우기 시작하면서 조직의 명을 무조건 받아들이는 데 익숙했던 리더 계층은 구성원들과의 소통방식에 있어 큰 도전에 직면하게 된다.

그런데 위에 설명한 도덕경에서의 메시지를 보면 오히려 지금 젊은 세대를 대하는 리더의 바람직한 모습이 정확히 묘사되어 있어 놀라움을 금치 못한다.

MZ 세대들은 농담 반 진담 반으로 최고의 상사는 능력이 있거나 소통을 잘하는 사람들이 아니라 그 자리에 없는 상사라고 얘기한다. 즉 아무리 뛰어난 상사라 하더라도 상사가 부재 중인 상황이 더 좋다는 웃픈 현실을 얘기하고 있다. 거기다 한술 더 떠서 법카만 쥐여주고 회식에 참석하지 않는 상사가 그중에서도 최고라고 얘기한다. 자세히 보면 이 농담 섞인 리더의 모습은 도덕경 17장의 '그가 있다는 존재만 기억되는 리더'의 모습과 상당 부분 일치한다.

리더십 교육에서 늘 논란의 주제가 되는 인게이지먼트 레벨(Engagement Level)도 이 17장의 리더 모습을 생각한다면, 관여의 정도를 최소화하는 범위에서 구성원들의 자율권을 보장해주는 것이 가장 좋은 리더십의 모습임을 알 수 있다. 특히 모든 일이 잘 이루어진 다음 사람들은 그것이 리더의 공이 아니라 자기들이 잘 해서 저절로 이루어진 것으로 생각한다는 17장의 마지막 구절은 구성원들의 자아실현과 성취감 측면에서 그 어느 세대보다 욕구가 높은 MZ 세대의 성향을 제대로 묘사한다고 할 수 있다.

리더에겐 낄끼빠빠 중 빠빠가 더 중요하다

낄 때 끼고 빠질 때 빠지라는 '낄끼빠빠'는 이제 신조어 반열에 들지 못할 정도로 등장한 지 오래된 말이다. 여러 사람이 살아가는 세상에서 눈치와 센스의 척도인 낄끼빠빠는 요즘 같은 직장생활에서 리더들에게 더 요구되는 자질이기도 하다. 특히 리더에겐 '낄끼'보다는 '빠빠'의 센스가 훨씬 중요하다. 도덕경이 얘기한 '없는 리더가 최고의 리더'가 되기 위해 적절한 순간에 '빠빠'를 잘 실천할 수 있는 것은 현대의 리더로서 중요한 역량이 되기도 한다.

2000년대 중반부터 회사에서 리더십 교육을 받으며 배운 권한위임(Empowerment)에 대해 생각해 본 적이 많았다. 권한위임을 간단히 얘기하면 기존에 리더가 직접 하던 일과 권한을 실무 담당자에게 넘겨 그가 직접 책임감을 느끼고 수행하게 하는 것을 말한다. 어느 날 내게 이 권한위임을 본격적으로 적용하느냐 마느냐의 기로에 서는 일이 발생했다.

당시 우리 회사가 운영했던 '엠넷닷컴'이란 음악사이트와 LG 유플러스에서 운영했던 '뮤직온'이란 음악사이트를 합병하는 일을 담당했다. 오랜 진통 끝에 합병이 이뤄지고 통합사이트가 출범하게 되었는데 문제는 이의 운영계약은 매년 갱신되는 조건으로 결정되었다는 것이다. 매년 계약이 이뤄지다 보니 계약금액 및 이익률이 매년 경영실적에 반영되었고 그에 따른 계약 협의 진통은 해마다 가을이면 찾아오는 통과의례였다.

우리는 서비스를 수행하는 을의 처지다 보니 당시 사업부장이었던 나는 갑의 처지인 회사의 팀장을 카운터 파트로 만나 협의를 하고, 우리 팀장은 상대회사의 파트장을 주로 응대하는 것이 기존의 관행이었다. 경력사원으로 입사한 지 몇 개월 되지 않았던 팀장은 입사 전 중소기업의 본부장을 했을 정도로 업무에 밝았으며, 특히 일감을 수주하고 계약했던 경험이 많았다. 그런 능력 있는 친구가 우리가 을이라는 관계 때문에 계약상 주도적인 협상을 하지 못하고 상대 실무 담당자만 상대하고 있자니 옆에서 보기에도 동기부여가 꽤 많이 떨어지는 느낌이었다.

결국, 권한위임에 대해서도 고민했던 나는 이번 운영대행 계약업무의 권한을 그 팀장에게 넘기기로 했다. 을인 우리 팀장이 갑인 상대 팀장을 직접 만나 협의하는 것은 당시 관례에 어긋나는 일이기에 나는 먼저 상대 팀장에게 양해를 구했다. 다행히 상대 팀장도 격식을 많이 따지는 스타일이 아니어서 제안에 흔쾌히 동의해 주었다. 다음으로 내가 해야 할 일은 팀장에게 어디까지 권한을 위임하느냐는 것이었다. 나는 내년도 경영계획상 달성해야 할 수치를 미리 결정하고 그 숫자를 팀장에게 협상의 마지노선 카드로 주었다. 팀장은 그 숫자를 최후로 지키는 범위 내에서 우리 계약금액을 유리하게 올릴 수 있는 자율권을 얻게 되었다. 그리고 그 중간과정을 내게 보고하지 않아도 됐다. 대신 그 숫자를 웃돌아 계약을 해 오면 해당연도 업적평가 및 인센티브까지 좋은 결과를 기대할 수도 있었다.

이미 전 직장에서 이런 류의 경험이 많았던 팀장은 물 만난 물고기처럼 계약을 추진해 나갔다. 올해 실적 데이터를 꼼꼼히 챙겨 계약금액 증가의 명분을 충분히 만들었고 계약진통의 고비마다 상대방 직원들과 소주 한잔하며 인간적인 친분과 신뢰도 쌓아갔다. 결국, 그는 좋은 조건의 계약을 최종적으로 끌어냈으며 그 일을 계기로 회사 내에서도 더 인정받고 중요한 일을 맡게 되었다.

권한위임이란 리더십 용어를 쓰긴 했으나 당시 내가 했던 것은 빠빠의 타이밍을 잘 잡았고 담당자에게 권한을 적절히 두는 좋은 형태의 빠빠를 했던 것이다. 그리고 그것은 2,000년 전 노자 선생님의 가르침을 잘 따른 리더 역할을 한 사례로 기억된다.

세월이 흘러 나나 그 팀장도 회사를 모두 떠났지만 지금도 일 년에 한두 번 있는 만남에서 그 일을 회상하며 나에 대한 감사를 표하기도 했다. 팀장도 노자의 말처럼 '모든 일이 잘 되면 그것이 자기 공'이라고 생각했을 것 같은데 그래도 시간이 흘러 선배에게 감사의 말을 해주는 것이 고마웠다. 도덕경 17장에서는 리더의 역할만 말하고 있지만, 그 시편 너머에 그런 리더들에게도 고마워해야 한다는 말이 숨은 행간으로 있지 않았을까 생각해 본다.

오늘날 MZ 세대 직장인들은 자신들에게 권한을 부여하고 자율성을 제공하는 직장을 찾으려고 한다. 도덕경 17장은 개인이 자신의 업무를 주도적으로 수행할 수 있게 만드는 절묘한 리더십을 강조함으로써 현시대에 필요한 조직문화를 잘 설명해준다. 조직문화가 전통적인 상명하달식보다는 협력적인 모델로 빠르게 진화하고 있는 현재 직장환경에서 이러한 접근 방식은 MZ 세대가 추구하는 바에도 부합한다.

홀륭한 리더는 구성원들이 그를 사랑하고 칭찬하고, 두려워하기 때문에 되는 것이 아니란 것은 시대가 과거든 현재든 리더십 역할 자체가 복잡한 성격임을 말해준다. 특히 MZ 세대 직장인들은 성공은 한 명의 리더의 능력에만 의존하는 것이 아니라 공동의 성취라고 생각하기 때문에 더더욱 그렇다.

이제 세월이 바뀌어 리더들은 자신들의 과거 성취나 경험에 대해선 자랑하거나 가르치기도 어려운 시절이 되었다. 그것을 '라떼 신드롬'이라고 MZ 세대들이 비아냥거린 지도 꽤 된 거 같다. 반면 구성원들의 칭찬은 조그만 것이라도 해줘야 하며 개인별 경력상담은 물론 개인 목표와 조직 목표 간의 관계도 자세히 설명해줘야 한다. 그러면서도 조직의 성과가 있을 경우 리더 자신의 공이라기보다는 구성원 개개인의 공으로 돌려야 한다. 이 정도면 스트레스를 넘어 자칫하면 마음의 병까지 생길 수 있는 지경까지 왔다고 생각하는 리더들도 있을 것이다. 하지만 어쩌랴? 이미 세대가 그만큼 바뀐 것을…. 아니다. 노자의 도덕경에서 이미 이천 년 전에 같은 이야기를 한 걸 보면 그건 리더의 본질이자 숙명이 아닐까? 그럼 그걸 그대로 받아들이는 수밖에…. 오히려 그것을 받아들이고 현실에 나를 내맡기게 되면 아마 후배들로부터 더 좋은 리더이자 선배라고 존경받는 상황이 일어날지도 모를 일이다.

2
오직 지금 이 순간, 현재만 존재한다

성공한 리더들은 현실주의자다

성공한 리더들은 현실주의자다. 여기서 말하는 현실주의자란 미래에 대한 이상향만을 꿈꾸는 사람이 아니고 그렇다고 과거에 발목이 잡혀 도전하지 않는 사람도 아니란 얘기다. 대신 현재 주어진 과업을 달성하는 데 충실한 사람들이 바로 현실주의자인 리더들이다. 기업에서 미래에 대한 비전과 이상을 꿈꾸는 사람은 창업자이거나 오너들이다. 그들은 현재보다는 수십 년 앞의 미래를 바라보는 사람들이다 보니 일반 월급쟁이들의 시야와는 확연히 차이가 난다.

우리가 주식시장에서 흔히 쓰이는 PER(Price Earning Ratio: 주가수익비율) 개념 외에 미국 기술주들의 평가에 쓰이는 PDR(Price Dream Ratio: 사업 비전[꿈]에 대한 주가)을 보면 알 수 있다. 이제는 그 회사가 가지고 있는 비전과 꿈을 반영해 시가총액이 형성되는 것이 일반적인 현상이 되었다. 이때 이 꿈에 대한 것들을 창업자나 오너들이 하지 않고 기업의 리더들이 하는 것이 가능할까? 현실적으로 불가능한 일이다. 이는 한국뿐 아니라 세계적인 현상이기도 하다.

일론 머스크와 마크 저커버그의 한마디에 테슬라와 메타의 주식이 하루에 몇 퍼센트씩 오르내리는 것이 그 예다. 따라서 기업의 리더들은 그 꿈과 비전을 실현시키는 현실에 집중할 수밖에 없다. 미래에 그 비전이 성공할지 실패로 끝날지는 아무도 모르는 일이다. 단지 그 꿈을 실제로 만들기 위해 가장 현실적인 방법으로 업무에 총력을 다 하는 사람들이 바로 리더들이다. 어쩌면 그것이 리더들이 현실주의자가 될 수밖에 없는 첫 번째 이유다.

성공한 리더들은 현실주의자이므로 과거에 연연하지 않는다. 회사에서 사용되는 대부분의 통계는 과거 데이터다. 통계라는 것이 과거를 통해 미래를 예측하려는 목적으로 개발된 것이다 보니 어쩔 수 없는 일이기도 하다. 문제는 이 과거 데이터들이 미래를 예측하는 보조 역할을 하는 데 머무르지 않고 미래에 도전하는 데 발목을 잡는 역할도 자주 한다는 것이다. 과거 데이터를 해석하는 데엔 정답이 있을 수 없다. 그 데이터를 어떻게 해석하느냐는 해석하는 사람 각각의 경험과 의지에 따라 다르게 나타난다.

내가 경험한 대부분의 기업 리더들은 과거 데이터의 메시지와 트렌드를 정확히 파악하되, 지금 해야 할 액션은 긍정적인 방향으로 처리한 사람들이었다. 과거 데이터를 엑셀과 파워포인트로 중무장하여 보수적으로만 운용하거나 도전적인 업무에 부정적인 스탠스를 유지했던 사람들은 부장이나 팀장까지의 승승장구한 커리어에 비하면 임원승진 확률은 낮았던 것 같다. 이는 기업의 리더들이 과거에 대해 정확히 분석은 하되 그것에 너무 연연하지 않는 현실주의자란 것을 말해준다.

정리하자면 리더들은 너무 먼 미래를 꿈꾸는 사람도 아니고 그렇다고 과거에 붙잡힌 사람도 아니고 현실에만 집중하는 것에 익숙한 사람들이었다.

마음공부를 하다 보면 오직 지금에만 집중하라는 얘길 많이 듣는다. 더 깊이 공부하면 개인 주변의 모든 자연과 연결되는 '현존'에까지 이르라고도 한다. 그러나 리더들이 그걸 공부해서 현실주의자가 된 사람들은 없을 것이다. 그들은 직장인으로서 자신이 주어진 상황에 가장 충실한 사람들이고 그것이 지나고 보니 현실주의자로서 현재에 가장 집중함에 탁월했던 사람들이었다. 그들도 사람인지라 멘탈이 무너지는 경험을 회사생활 동안 수도 없이 많이 했다. 그러나 그들은 그 어려움을 극복하고 지금 이 자리까지 왔다. 미래에 대한 불안도 있었을 것이고 과거에 대한 회한도 많았으리라. 하지만 그들은 지금, 자신에게 주어진 일에 충실한 것만이 그것을 극복하는 첩경임을 경험을 통해 알고 있다. 지나고 보니 불안할 필요도 없었고 후회할 일도 아니었다. 그저 지금 현재에 충실한 현실주의자가 되는 것, 그것이 바로 성공한 리더들이 멘탈 관리를 하는 두 번째 방법이다.

청계산 계단 수는 몇 개일까?

청계산은 지하철로 갈 수 있는 대표적인 서울의 산이다. 특히 정상인 매봉까지의 높이가 582m에 불과해 건강을 목적으로 가벼운 등산을 하기 적합하다. 그런데 청계산을 만만하게 볼 수 없는 이유가 하나 있다. 그건 바로 청계산 중간지점부터 놓인 계단의 존재다. 계단 산이라는 별명이 붙을 정도로 청계산의 계단은 등산인들에게 악명이 높다. 머리를 비우고 한 발 한 발 산을 올라야 하는데 눈앞에 계단번호가 계속 등장하니 신경을 쓰지 않을 수 없다.

한동안 봄과 가을에 건강을 목적으로 청계산 등반을 자주 했는데 그때마다 계단 때문에 힘든 적이 많았다. 청계산 계단 수는 막판에 번호가 흐릿하여 좀 애매하긴 하지만 보통 1,485개 안팎으로 알려져 있다.

청계산 등반 초반에는 계단 수가 몇 개인지 모르는 상태에서 산에 올랐다. 원터골 약수터를 지나 조금 더 오르면 계단이 시작되는데 한동안은 계단에 적힌 번호를 의식하지 못하고 오른다. 그러다 점점 다리가 아파지면서 번호에 관심이 가기 시작하고 본격적으로 계단번호를 의식하는 것은 500번이 넘어가면서부터였다.

그때부터 내 마음의 소리가 들려오기 시작한다. 이미 등반은 중간지점을 통과한 지 오래였고 이 정도 계단을 올랐으면 곧 정상이 보일 거라고 속삭였다. 계단 수가 700이 넘어가고 800이 넘어가면서 체력은 떨어지고 마음의 소리는 더 강해졌다. '설마 1,000은 넘지 않을 거야. 청계산은 야트막한 산이라 편하게 오는 거니 그 정도로 힘들 리 없어.'

그러나 1,000계단까지 죽을힘을 다해 올라갔는데 정상이 아직 꽤 남았음을 확인하는 순간 체력은 물론 정신력도 급격하게 떨어진다. 무의식적으로 1,000계단을 목표치로 설정하였고 그때까지 참는 것으로 체력과 정신력의 안배를 해 놓았는데, 그것이 무너진 것이다. 그때부터 흔히 얘기하는 깔딱고개가 시작된다.

다리는 더 풀어지는 것 같고 정신은 혼미해진 상태로 한발 한발 오르는 상황이 된다. 눈은 어쩔 수 없이 계단번호로 향하는데 1,100, 1,200이 넘어도 정상은 보이지 않는다. 그때부턴 무아지경으로 오를 수밖에 없다. 헛된 기대를 할 기력도 없고 어쨌든 정상은 언젠가는 나올 터이니 그냥 무작정 걸어간다. 그렇게 200여 계단을 더 오르면 드디어 청계산 정상인 매봉에 도착한다.

청계산을 오르며 제일 힘들었던 순간은 앞서 얘기한 것처럼 스스로 설정한 정상인 계단번호 1,000을 통과했음에도 정상이 아니란 것을 확인한 때였다. 난 1,000계단이라는 불확실한 미래에 내 등반목표를 설정해 놓았는데, 그 목표 달성이 실패한 것을 확인하자 급격히 무너져 내린 것이다. 한 걸음 한 걸음 오르면서 지금 이 순간, 현재에 집중한 것이 아니라 스스로 설정한 근거 없는 미래에 정신을 빼앗기다 그것이 아님을 알아 버린 것이었다.

이런 일은 우리 일상에서 자주 일어난다. 그것이 시험의 결과든, 회사에서의 승진이든, 아니면 매주 사는 로또든, 우리는 미래에 일어날 일에 대해 막연한 기대를 하고 그것에 대한 희망 고문을 하며 살아간다. 그리고 그 기대가 내가 원하는 방향으로 이루어지지 않았을 때는 보통 기대한 것보다 산술적으로 몇 배는 더 큰 실망으로 다가온다. 그리고 그런 형태의 실망을 반복하는 것은 마음의 병을 만들어내는 원인이 된다.

그룹교육의 목적으로 일 년에 한 번 정도 사내강사로 출강한 일이 있었다. 그룹 계열사 내 팀장들을 대상으로 그룹의 역사와 올해의 비전 등을 공유하는 시간인데 난 강사로 갈 때마다 이 청계산 사례를 들려주면서 퀴즈를 내곤 했다. 퀴즈의 내용은 "청계산 계단 수는 몇 개며, 그 계단 수를 알고 등반하는 게 나을까 모르는 게 나을까?"였다. 당연히 계단 수를 정확히 아는 사람은 없었는데 다음 질문인 알고 갈지 모르고 갈지에 대해선 의외로 모르는 게 좋겠다는 답변이 좀 더 많았다. 이유를 물어보니 그냥 모르고 가는 게 덜 힘들 것 같다는 막연한 답변이었다. 이에 나는 위 사례를 얘기해 주며 모르고 갔을 때의 내가 어떤 마음의 변화를 일으키는지 그리고 그것이 무너졌을 때의 상황이 얼마나 더 고통스러운지를 설명해주었다. 차라리 계단 수가 몇 개에서 끝나는지 알고 가는 것이 첫째, 미래에 대해 헛된 기대를 하지 않게 되고 둘째, 그로 인해 지금 현재에 좀 더 집중할 수 있는 것이라고 설명해주었다.

강의 종료 후 강사 피드백을 받았는데, 내가 전체 강사 중 최고평점을 받은 것은 물론 가장 기억에 남는 사례로 이 청계산 에피소드를 꼽은 사람들이 많았다. 지나고 보니 청계산 계단 수 얘기는 사람들이 미래에 대해 막연한 기대를 하는 것이 얼마나 위험한 일인가를 알려주는 생활 속 좋은 사례였다.

베트남 전쟁 중 일어난 '스톡데일 패러독스' 사례는 좀 더 극적이다. 미국 장교 제임스 스톡데일은 1965년부터 1973년까지 베트남전 포로로 잡혀 있었다. 무려 8년의 포로 생활을 견디고 살아서 돌아온 사람은 많지 않았다. 스톡데일의 동료들은 포로 생활 중 대부분 사망했다. 그런데 이들의 생과 사를 가른 것은, 언젠가는 포로 생활을 마치고 석방될 것이란 희망에 대한 상반된 태도였다.

스톡데일을 제외한 대다수 포로는 조만간 석방될 것이란 희망을 품었다. 그런데 그 희망은 근거 없는 막연한 바램이었다. '크리스마스 이전에는 석방될 거야.'라고 기대했다가 해를 넘기면 그들은 엄청난 상심에 빠졌다. 그리고는 또 '부활절에는 나갈 거야.'라는 또 다른 희망을 품게 되고 이는 역시 실망으로 돌아왔다. 그렇게 독립기념일, 추수감사절 등 이벤트들이 있을 때마다 막연한 희망을 품지만, 연이어 실망하는 악순환을 겪게 된다. 희망이 클수록 실망도 크다. 기대했던 날짜들이 하나하나 지날수록 희망을 잃고 포기하는 사람들이 늘어나기 시작했고 결국 그들은 힘든 포로 생활을 끝까지 견디지 못하고 사망했다.

스톡데일은 달랐다. 그도 언젠가는 포로 생활에서 석방될 것이란 희망은 품고 있었으나 '언제까지 나갈 수 있을 거야.'라는 막연한 희망은 품지 않았다. 대신 분명히 석방은 될 테지만 생각보다 포로 생활이 길어질 수도 있다는 생각을 가지고 하루하루 견뎌 나갔다.

스톡데일의 이런 마음가짐을 심리학자들은 '합리적인 낙관주의'라고 훗날 명명했다. 언젠가는 나갈 수 있을 것이란 희망의 끈은 놓지 않되 현실을 냉철하게 판단하여 지금 현재에 집중하는 삶을 살아가는 합리적인 선택을 스톡데일이 했다는 의미다.

우리는 일어나지 않은 미래에 대해 불안하기도 하지만 헛된 기대도 함께 하며 살아간다. 특히 '어떻게든 되겠지'란 생각은 많은 의지박약형 인간들이 자주 사용하는 자기 위안이며 낙관주의자라는 표현으로 스스로를 합리화하기 좋은 방편이기도 하다. 하지만 세상엔 노력하지 않는데 저절로 이루어지는 일은 아무것도 없다. 노력한다고 다 되는 것은 아니지만 그 노력마저 하지 않는다면 아무것도 절대 이루어지지 않는다. 미래를 긍정적으로 생각하되 현재에 집중하여 지금 할 일을 꾸준히 해 나가는 것, 그리고 그것이 자기가 원하고 계획하는 대로 이루어지지 않았더라도 그다음에 일어날 인연이란 생각으로 툴툴 털어낼 수 있는 담대한 마음가짐이 필요하다.

그걸 왜 미리 걱정했을까?

김 과장에게 이번 주 금요일은 올해 성과달성을 결정할 정도로 중요한 경쟁 PT가 있는 날이다. 고객사에서 새롭게 런칭 할 유튜브 채널의 기획 방향과 실제 콘텐츠 사례까지 시연하는 중요한 PT다. 본인이 자신 있는 분야기도 하고 특히 대학교 때 관련 동아리를 경험했던 터라 다양한 레퍼런스에서 나오는 콘텐츠 예시는 국내외 사례를 망라하고 있었다. 팀장 앞에서 리허설까지 마치고 칭찬까지 받았기에 준비해야 할 모든 것이 완벽히 마련되었다고도 할 수 있는 상황이었다.

하지만 경쟁 PT 결전 일이 하루하루 다가올수록 김 과장은 불안한 마음이 계속 들기 시작했다. '혹시 미리 준비한 스크립트를 발표 도중에 기억하지 못하면 어떡하지?'에서 시작된 불안감은 '자신이 준비한 사례를 이미 고객사에서 알고 있으면 어떡하지?' '우리보다 먼저 진행한 A사의 PT가 너무 훌륭해 우리 PT에 관심이 심드렁하면 어떡하지?'에까지 이르게 되었다. 이런 일이 이틀 이상 지속하여 수면장애를 겪어 신체 컨디션이 저하되었다. 점점 자신감이 없어진 김 과장은 결국 경쟁 PT 당일에도 필요 이상의 긴장으로 인해 자신의 실력을 다 발휘하지 못했고 결과적으로 그 프로젝트는 경쟁사인 A사에게 돌아가고 말았다.

과연 김 과장은 무엇을 잘못한 것일까? 실제 일어나지도 않은 미래의 일에 대해 혼자 근심하고 걱정하다 결국엔 자신의 실력을 다 발휘하지도 못한 그 같은 실수는 많은 직장인은 물론 수험생, 주부에 이르기까지 마음건강에 어려움을 겪고 있는 사람들이 고민하는 영역이다. 일어나지 않은 미래에 대한 걱정과 불안은 이 역시 자기가 통제할 수 없게 시도 때도 없이 불쑥불쑥 올라오고 있어 발생 자체가 자유의지가 아니라는 속성 때문에 그 통제와 관리에 더 큰 어려움이 있다.

우리는 2010년 밴쿠버 동계올림픽에서 금메달을 딴 김연아 선수의 피겨 스케이팅 경기를 기억한다. 많은 사람은 프리에서 150점 이상을 받으며 최종 228.56점으로 세계신기록을 세운 것이 최고의 장면이라 생각하는데, 사실 김연아 최고의 승부는 하루 전날 있었던 쇼트 프로그램이었다. 쇼트 프로그램의 순서는 평생의 라이벌 아사다 마오가 먼저였고 바로 그다음이 김연아였다. 아사다 마오는 그 쇼트 프로그램에서 트리플 악셀을 성공시키는 등 인생 최고의 연기를 펼치며 그녀의 시즌 최고기록인 73.78을 기록했다. 아사다 마오가 최고 프로그램을 선보이고 1위로 올라서는 점수가 발표되는 순간 빙판에 등장한 김연아. 그녀의 머릿속에는 어떤 생각들이 떠올랐을까?

평범한 일반인이라면 그 긴장된 순간 라이벌이 엄청난 경기력을 먼저 보여주면 열 중 아홉은 주눅이 들어 제 실력을 발휘하기 어려운 것이 사실이다. 하지만 김연아는 달랐다. 아사다 마오가 잘한 것은 관객들의 환호를 보고 알 수 있었지만 별로 혼란스럽지 않았다고 한다. 오히려 앞 선수가 잘했기 때문에 그 기를 받아서 자기도 더 잘해 낼 것으로 생각했다고 한다. 그 결과 김연아는 유명한 007 음악에 맞춘 본드걸 연기를 선보이며 마오의 시즌 최고기록을 4점 이상 앞서는 78.50점으로 쇼트 프로그램에서 1위로 올라섰다. 그리고 다음 날 프리 경기에서도 최고의 연기를 선보이며 228.56점이라는 세계최고기록을 세워 금메달을 차지하게 된다.

물론 평범한 직장인인 김 과장과 세계 최고의 실력은 물론 그 이상의 멘탈 관리력을 가진 김연아 선수를 같은 잣대로 비교할 수는 없다. 하지만 실제 일어난 현상만 놓고 보자면 김연아 선수의 사례를 하나의 기준으로 삼고 평범한 일반인들도 최소한 노력과 꾸준한 수행을 한다면 한층 더 발전적인 삶을 살아갈 수 있다.

김 과장은 일어나지 않을 미래의 일에 대해 너무 많은 걱정과 근심을 쏟았다. 지나고 보면 얼마나 후회되는 일인가? 미래에 대해선 예측하기 불가능하고 그저 지금 이 순간 최선을 다하는 것이 인간이 할 수 있는 최선이자 유일한 일인데, 사람들은 그것을 지키지 못하고 의지와 상관없이 올라오는 불안한 마음에 결국 일을 그르치는 경우가 많다.

　　2010년 밴쿠버에서 아사다 마오 다음 순서로 쇼트 프로그램을 한 김연아의 시합 직전의 마음은 어떠했을까? 2, 30초 내외의 짧은 시간이었지만 그 시간에 오만가지 생각이 그녀의 마음에 떠올랐을 수 있다. 하지만 의외로 혼란스럽지 않았고 담담했다는 인터뷰를 놓고 보자면 미래에 대한 부정적인 생각은 그 순간 그녀의 마음속에 떠오르지조차 않았을 거라고 생각한다. 이미 이와 유사한 경험을 많이 겪은 선수였고, 그런 상황에 대해 어떻게 본인의 마음을 다스려야 하는지 충분히 경험했기에 일말의 불안한 마음이 떠오르는 상황조차도 그녀는 만들지 않았을 것이다.

　　평소에 '멘탈 갑'이라고 칭송받는 그녀지만, 그것은 꾸준한 노력과 자기관리가 없었다면 결코 이루어질 수 없는 일이었다. 그냥 지금 이 순간 현재에 집중하고 자신을 믿는 것, 그리고 그동안의 수많은 연습을 실전에서 평온하게 실연하는 것, 오직 그것만이 그 상황에서 그녀가 할 수 있는 모든 것이자 최선이었다.

과거를 돌이킬 수 있는 확률은 0퍼센트다

일어나지 않은 미래에 대한 불안감보다 더 많은 경우의 수로 나타나는 마음건강의 나쁜 증상은 과거에 대한 후회, 집착이다. 사실 일어나지 않은 미래의 경우 현재 나에게 주어진 상황을 놓고 봤을 때 걱정할 수 있는 사건들이 제한되어 있으나 지난 과거에 대한 후회는 지나온 일생을 전부 기억하는 한 셀 수 없을 정도의 이벤트들이 떠오를 수 있다.

특히 직장인들은, 그때 영업을 좀 더 열심히 해서 성과를 잘 냈더라면 혹은 팀장 의견에 적극적으로 동의해서 좋은 관계가 유지됐더라면 같은 직장생활에 대한 후회는 물론, 3년 전에 영끌 해서라도 집을 샀더라면, 그때 가상화폐에 투자했더라면 같은 투자에 관한 영역, 지난 결혼기념일에 무리해서라도 가족 여행을 갔더라면, 자녀가 성적이 좀 안 좋더라도 혼내기보다는 격려했더라면 같은 가정사에 이르기까지 수많은 후회와 번민을 안고 있다. 그리고 이런 과거에 대한 부정적인 감정 역시 나의 의지와 관계없이 시도 때도 없이 올라온다.

과거에 대한 부정적인 감정이 올라올 때면 '멍때리기' 등과 같은 생각 멈춤을 먼저 시작하고 이후 지금 이 순간, 현재에 집중하는 노력을 한다면 부정적인 감정을 어느 정도는 치유할 수 있다. 그리고 빈도수로 볼 때 훨씬 자주 발생하는 부정적인 감정에 대해선 그것이 미래에 대한 불안감보다 얼마나 더 쓸모없는 것인지를 평소에 자각하고 있다면 막상 그런 후회감이 밀려왔을 때 좀 더 쉽게 극복할 수 있다.

미래에 대한 불안감이나 과거에 대한 후회 모두 마음건강 측면에서 쓸모없는 감정이지만, 그래도 미래에 대한 불안감은 실제 발생할 확률이 몇 프로냐의 문제지 발생할 개연성은 있다. 반면 과거에 대한 후회는 이미 일어나 버린 일이기 때문에 이를 돌이킬 수 있는 확률은 제로라는 측면에서 과거에 대한 후회가 훨씬 더 부질없는 일이라 할 수 있다.

마음공부와 관련한 여러 명상 전문가들은 과거와 미래는 다 허상이며 오로지 현재만이 실재하며, 심지어 시간이라는 개념조차 존재하지 않는다고까지 주장하는 사람들이 있다. 나도 이와 관련한 공부를 하다 보니 과거와 미래가 허상임을 머리로도 이해되어 그것을 인정하는 단계까지 다다른 적도 있었다. 하지만 스마트폰 알람을 통해 잠에서 깨고 출근 시간에 맞춰 출근하고, 미팅 약속에 늦지 않게 참여하는 등 하루 일상을 시간 속에서 보내는 삶이 지속되는 한 과거와 미래를 머릿속에서 지우거나 시간의 존재 이유에 대해 의문을 가지는 일들은 현실적으로 불가능하다.

마음공부 와중에 배운 많은 깨달음을 얻은 자들의 말씀이 현재를 제외한 나머지, 즉 과거와 미래에 대한 허망함을 공통으로 이야기하고 있지만, 직장을 다니며 틈틈이 마음공부 수행을 하는 일반인들에겐 그 경지에까지 이르기엔 너무 높은 개념임에 분명하다. 머리로는 이해가 되지만 가슴으로 받아들이기는 어려워 생기는 혼란은 평범하기 그지없는 직장인이었던 내게도 마찬가지로 다가왔다. 결국, 내가 선택한 방법은 인위적으로 시간의 존재를 부정하지 말고 대신 과거에 대한 후회가 밀려올 때는 그것이 멀티유니버스나 평행이론 같은 SF 영화에 나오는 개념이 아닌 이상 극복할 수 없는, 다시 말하면 후회해 봤자 되돌릴 수 있는 확률이 0%라는 점만 강하게 되뇌는 것이었다.

　미래에 대한 불안감이야 불안한 마음의 대상이나 목표에 대해 더 철저한 준비 등을 통해 보강할 수 있는 여지라도 있지만, 과거에 대한 미련이나 후회는 정말이지 지금 현재로서 백해무익한 것임을 계속 상기시켰다. 건강을 위해 직장인들이 대표적으로 관리해야 하는 것이 술과 담배인데 술은 적정량을 조절한다면 개인 건강은 물론 인간관계에서도 도움이 되는 측면이 어느 정도는 있지만, 담배는 백해무익하다고 말하는 것과도 유사한 측면이 있다. 따라서 내가 나름대로 터득한 개인적인 대응책은 과거에 대한 후회와 나쁜 감정이 몰려올 때면 일단 이 감정에 대한 백해무익함을 먼저 상기시키고 그 이후 생각 멈춤이나 지금 이 순간에 집중하기의 순서로 수행해 보는 것이었다.

대통령 앞에서의 프레젠테이션

평범한 일반인도 노력과 수행을 한다면 미래에 대한 불안감을 줄이고 지금 이 순간에 집중할 수 있는 마음 체력이 좋아질 수 있다. 대한민국 직장인으로서 회사 일을 하다 보면 미래의 불안감에 마음이 심하게 어지러울 때가 많았다. 여느 직장인들과 마찬가지로 실적에 대한 중압감, 중요 보고에 대한 부담감, 승진에 대한 불안감 등 여러 형태의 미래에 대한 걱정으로 불면의 밤을 보내거나 직장에서 스트레스를 심하게 받는 날도 종종 있었다. 지금 회고해 보면 직장생활 중 가장 긴장하고 걱정했던 순간은 그룹을 대표하여 대통령 앞에서 프레젠테이션을 한 일이 아닐까 한다.

박근혜 정부 당시 경제 비전은 창조경제로 대표되었는데 당시 대기업들도 정부의 방침에 적극적으로 동참하고 있었다. 그 중 대표적인 사례가 전국의 창조경제혁신센터 개관이었다. 국내 15개 대기업과 15개 지방 도시들이 연계하여 지역마다 특색을 지닌 창조경제혁신센터를 순차적으로 오픈했다.

당시 한화그룹은 충청남도와 연계를 맺었는데, 내가 그룹의 창조경제 추진 단장을 맡았고 그 개관식에서 대통령께 프레젠테이션해야 했다. 업무 특성상 여러 상황과 다양한 청중들 앞에서의 프레젠테이션 경험이 많지만, 그룹을 대표하여 대통령 앞에서 프레젠테이션 하는 상황은 긴장감의 최고조였다고 지금도 기억하고 있다. 특히 당시는 국내 여러 그룹과의 비교평가도 발생하는 상황이라 혹시라도 그룹에 누가 되면 어쩌나 하는 압박감도 심한 상태였다. 무엇보다 마음공부 초기 상태라 스스로 불안한 마음을 컨트롤하는 데 자신감이 없던 시절이었다.

이론적으로야 지금 현재에 집중해야 하는 것이 맞고 일어나지 않은 미래에 대해 고민하는 것은 아무 쓸모 없는 일이라는 것을 잘 알고 있었으나 자유의지와 상관없이 떠오르는 미래에 대한 불안감을 통제할 수 있는 역량이 당시에 내게는 없었다.

디데이가 다가올수록 불안감과 걱정이 마음을 짓누르고 있던 어느 날, 예정된 가족 여행으로 속초를 가게 되었다. 지금 이 상황에 여행을 가는 게 맞나 하는 생각도 들었지만 뭔가 리프레시 하는 것도 좋을 것 같다는 생각에 일정대로 출발했다.

저녁으로 회에다 소주 한잔을 하고 잠이 들었는데 다가오는 결전의 순간에 대한 긴장감으로 다음날 새벽같이 눈이 떠졌다. 그리고 아직 자는 가족들을 호텔에 두고 바로 앞 해변으로 나갔다. 살면서 일출이라는 것을 제대로 본 적이 없었고 일부러 일출 시각에 맞춰 나간 것도 아니었는데 해변을 걷기 시작한 지 10여 분만에 동쪽 수평선에서 희끄무레 해가 떠오르는 것이 보이기 시작했다. 어두컴컴한 바다 끝자락에 붉은 기운을 가득 안고 동그란 머리를 조금씩 보여주며 떠오르는 해를 보자 난 발걸음을 멈추었다. 아, 그건 너무 엄청난 장관이었다. 처음 보는 제대로 된 해변의 일출이었다. 자연의 아름다움과 그 감동에 눈물을 흘리는 사람이 있다고도 하는데 솔직히 당시 내 감정 상태는 멍했다는 것이 가장 정확할 것이다. 마치 시간이 잠시 멈춘 듯한 느낌도 들었다. 그렇게 멍하니 일출을 몇 분간 서서 바라보았다.

　해가 어느 정도 떠오르고 가족이 있는 호텔로 발걸음을 돌렸는데 참 신기한 것이 그때부터 뭔가 숙면을 한 듯한 개운함이 머릿속에 가득한 느낌이 들었다. 참으로 희한한 경험이었다. 일부러 무엇을 위해 노력하지도 않았고 생각을 멈추려고도 하지 않았으며 그냥 운 좋게 타이밍이 맞아 일출을 멍하니 바라본 것이 전부인데 마치 엄청난 치료라도 한 것과 같은 개운함이 머릿속을 가득 채우고 있었다. 당시는 '불멍'이나 '멍때리기' 같은 단어가 대중적이기 전이라 왜 그런 좋은 결과가 나에게 나타났는지 이해하기 어려웠고 그냥 운이 좋았거나 그저 바이오리듬 같은 것이 좋아진 상태이겠거니 생각했다. 나중에 멍때리기의 뇌과학적 효과가 알려지며 그날 내가 경험했던 일들이 우연이긴 하지만 미래불안감 해소에 최고의 솔루션을 사용했다는 것을 알 수 있었다.

　UC 샌프란시스코 대학의 뇌과학 연구소에 따르면 압도적인 자연을 경험한 사람은 그 순간 모든 잡념과 스트레스를 잊게 되고 잠시나마 지금 이 순간에 집중할 수 있다고 했다. 이런 경험을 한 사람은 스트레스, 불안감, 강박증과 같은 정신장애를 어느 정도 잊게 되므로, 이것은 정신건강 치료에 큰 도움이 된다고 한다. 그리고 이 같은 경험은 IMAX 같은 거대화면과 인공이긴 하나 바람, 소리, 촉각 같은 디지털 경험을 통해서도 유사한 체험을 할 수 있어 이와 관련된 리서치도 진행되고 있다. 결국, 나는 우연히 동해의 일출이라는 거대한 자연을 목도하게 되었고 그것이 내 안에 있던 미래에 대한 불안감이란 안 좋은 기운을 일시적으로 눌러버리는 경험을 하게 된 것이다.

그날의 개운함이 강렬하긴 했지만, 일상을 시작하자 불안감은 다시 떠오르기 시작했다. 하지만 속초에서의 그런 경험을 하고 난 이후라 미래에 대한 불안함 마음이 떠오를 때마다 속초에 갈 수는 없었지만 대신 서울에서 유사한 방식을 통해 그 상황을 극복하려고 시도했다. 어느 정도 마음공부를 한 지금 시점에서 보자면, '지금 이 순간, 현재'에 집중하는 수행을 아마 그때부터 하기 시작한 것 같다. 속초에서의 그 일이 있은 후, 디데이가 다가오며 불안한 마음이 들 때마다 멍때리기를 통해 지금 이 순간에 집중하는 시도를 했다.

멍때리기 방법은 장소에 크게 구애받지 않았다. 사무실에서 마음이 어지러울 경우 잠시 일을 멈추고 창밖을 응시했다. 날씨가 좋을 때도 있고 비가 오거나 흐린 날씨일 수도 있다. 바깥 경치를 구경하는 것이 아니라 그냥 응시하는 것이다. 이 시간은 단 몇 초일 수도 있고 길면 몇 분이 걸리기도 했다. 무념무상이라는 표현이 맞을지는 모르겠으나 마치 아무 잡념이 없는 신생아의 뇌처럼 사고가 정지된 상태에서 창문 너머를 바라보거나, 산책하며 주위 풍경을 바라보거나, 꽉 막힌 사무실 안이라면 옆

2. 오직 지금 이 순간, 현재만 존재한다

에 있는 사물함이나 화병을 물끄러미 응시하기도 했다. 이 상태가 지속되면 미래에 대한 불안한 마음이 어느 순간 정지됨을 느끼는데, 이 상태라는 느낌이 들었을 때 '지금 이 순간, 현재'에 도전해 보았다.

지금 이 순간, 우리가 알고 있는 시간의 속성을 잣대로 표현한다면 0.1초 아니 0.001초의 시간일 수 있다. 이 찰나의 순간에 우리는 호흡을 하고 움직이고 무엇인가를 보고 듣는다. 그리고 그 모든 것들은 지금 현재에만 존재하지 미래에 일어날 일들은 아무런 영향을 미치지 못한다. 무엇보다 혹시 프레젠테이션을 망치면 어쩌나 하는 미래의 일들은 실존하지도 않고 모든 것이 내 마음이 만들어 낸 것들이었다.

현재에 집중하는 연습을 평일은 물론 휴일에도 좋지 않은 생각이 들때마다 지속하다 보니 점점 미래에 대한 불안감의 중요도는 내려가고 현재에 대한 중요성이 내 마음에서 더 큰 비중을 차지하게 되었다. 그리고 마음이 편안한 상황이 유지되다 보니 내가 해야 할 일들, 무엇보다 가장 중요한 업무인 프레젠테이션 준비에 더 집중할 수 있게 되었다.

창조경제혁신센터 개관을 일주일 앞두고 우리 TF는 막바지 준비를 위해 개관장소인 천안으로 내려갔다. 마지막 일주일의 마음은 의외로 차분했다. 긴장되는 것은 사실이었으나 지금 이 순간에 충실해지려는 마음으로 충만했다.

드디어 개관식 디데이. 나는 준비한 것들을 평온한 마음으로 발표했으며 15분간의 발표는 찰나의 순간처럼 지나갔다. 처음 개관식 날짜가

정해졌던 2개월 전의 나는 미래에 대한 걱정과 긴장감에 사로잡혀있었으나 결국 그 행사는 무결점 행사로 큰 칭찬을 받으며 마무리되었다. 현재에 집중할 수 있다면 어떤 어려움이나 긴장감도 아무 일 없이 지나갈 수 있다는 것을 알려준 좋은 경험이었다.

멍때리기는 좋은 것!

현재에 집중하기 위해선 잠시 모든 생각을 내려놓는 과정이 필요하다. 우리는 그것을 '멍때리기'라고 표현하기도 한다. 불멍이나 물멍은 물론 푸멍(판다 푸바오 영상을 무한반복 하며 멍때리는 일)이라는 신조어가 생기는 등 멍때리기는 이미 젊은이들 사이에선 유행되었다. 국내 유튜버 상위 랭킹에는 아무 생각 없이 들을 수 있는 ASMR(Autonomous Sensory Meridian Response) 영상들이 상당수 포진해 있다. 특히 ASMR 콘텐츠는 수면을 유도하거나 마음의 평안을 찾으려는 사용자들에게 큰 인기를 끌고 있음은 물론 여러 뇌과학 기관에서도 이와 같은 효과가 검증되고 있다는 논문이 발표되었다.

멍때리기는 뇌과학적으로는 디폴트 모드 네트워크(Default Mode Network)로 설명된다. 워싱턴대 뇌과학 교수 마커스 라이클(Marcus

2. 오직 지금 이 순간, 현재만 존재한다

Raichle)에 의해 2001년 알려졌으며, 사람이 판단이나 집중 등 아무런 인지 활동을 하지 않을 때 활성화되는 뇌의 특정 부위들이 있는데 이 부위를 디폴트 모드 네트워크라고 명명했다. 그리고 뇌가 쉴 때 활성화되는 이 디폴트 모드 네트워크는 평소 뇌가 활발히 활동할 때 서로 연결되지 못했던 뇌의 각 부위를 연결해준다.

세상에 없는 무언가를 새로 만드는 일이나 중요한 과학적 발견 같은 사건들은 서로 다른 영역의 융합과 통섭의 결과로 이루어지는바, 평소 활동상태에서 연결되지 못한 뇌의 부분들을 이어주는 디폴트모드 네트워크는 특히 창의적인 영역에서 매우 중요한 역할을 한다. 질량과 부피의 상관관계를 발견한 아르키메데스도 쉬고 있던 목욕탕에서 유레카를 외쳤고, 중력의 작용을 발견한 뉴턴도 사과나무 아래에서 휴식을 취하고 있었다는 유명한 사실들은 뇌의 디폴트모드 네트워크 또는 멍때리기의 중요성을 말해주는 사례들이다.

멍때리기 상태에서는, 뇌는 더 많은 알파파를 만들어낸다. 알파파는 8~13Hz의 주파수를 가지고 있는데 이는 뇌가 적극적으로 정보를 처리하지 않을 때 많이 나타난다. 뇌는 정상적으로 깨어 있는 상태에서 베타파(13~30Hz)를 주로 만들어내는데 이는 논리, 판단, 문제 해결 등과 관련이 있다. 그러나 개인이 마음을 비우거나 멍때리는 행위를 하게 되면 뇌는 베타파 우위에서 알파파 우세로 전환된다. 알파파 우세가 되면 뇌는 더 창의적인 상태가 되어 보다 유연하고 다양한 사고를 가능하게 한다.

그리고 주의력도 더 높아져 현재에 집중하는 능력 역시 향상된다.

멍때리기를 통해 마음이 비워지면 스트레스 호르몬인 코르티솔의 방출도 조절된다. 코르티솔은 신체의 스트레스 반응에 중요한 역할을 하는데 이 수치가 높아지면 다양한 스트레스 관련 질환이 발생한다. 코르티솔생산이 조절된다면 신체는 스트레스에 더 잘 대비할 수 있다. 이처럼 마음공부의 방편으로 멍때리기를 적절히 사용한다면 더욱 균형 있고 적응력 있는 스트레스 대응이 가능하며, 이를 직장에서도 활용할 수 있다. 스트레스가 쌓이고 마음이 불안할 때 잠시 멍때리기를 할 수 있다면 복잡한마음과 생각의 무게를 좀 내려놓고 지금 이 순간에 집중할 수 있으며, 결과적으로 업무능률의 향상까지 가져올 수 있을 것이다.

나는 왜 유럽 MBA를 택했나?

2002년 9월, 나는 네덜란드 로테르담에 있는 에라스뮈스 대학(Erasmus University)의 MBA 과정인 RSM(Rotterdam School of Management)에 진학했다. IMF를 지나고 21세기를 맞아 당시 젊은 직장인들 사이에선 MBA 진학 열풍이 불고 있을 때였다. IMF를 통해 정리해고란 용어가 처음 등장하고 평생직장의 의미가 사라지기 시작했으며 해외 MBA 졸업 후 새로운

2. 오직 지금 이 순간, 현재만 존재한다

직장에서 억대 연봉을 받는 사례가 나오는 등 MBA의 매력은 젊은 직장인들 사이에서 화제가 되기 충분했다.

당시 MBA 진학을 결심하고, 대다수 유학생이 진학하는 미국 MBA냐, 아니면 새롭게 부상하는 유럽 MBA냐를 놓고 고민했었다. 최종적으로는 네덜란드의 RSM을 선택했고, 이 선택에는 다음과 같은 이유가 있었다.

첫째는 1994년 EU의 공식 출범 이후 2002년 단일통화인 Euro 화가 도입되면서 2002년에서야 실질적인 유럽의 통합이 이루어지기 시작한 것이다. 특히 2001년 발생한 911 테러 이후 팍스아메리카나의 시대가 저물고 통합된 유럽의 시대가 열릴 것으로 생각했었다. 따라서 새롭게 부상하기 시작한 유럽에 진출하는 것이 이미 포화상태에 있는 미국 MBA보다는 훨씬 미래지향적인 선택이라고 믿었다.

둘째는 좀 더 현실적이었다. 보통 MBA 글로벌 랭킹은 U.S.News 랭킹과 파이낸셜 타임즈(F.T) 랭킹이 가장 권위가 있는데 2002년 당시 네덜란드 RSM의 랭킹은 U.S. News에선 미국을 제외한 글로벌 랭킹인 Non-U.S.에서 4위를 기록했고 파이낸셜 타임즈에서도 전세계에서 20위권을 꾸준히 유지했다. MBA 랭킹에 따라 연봉 수준이 어느 정도는 연동이 되는바, 글로벌 랭킹도 높으며 유럽에 위치한 RSM은 나의 비전에 매우 적합했다.

마지막으로 유럽의 MBA들은 보통 1년에서 1.5년 정도 기간이 소요되어 대부분 2년인 미국에 비해 유학경비나 기회비용의 측면에서도 훨씬 유리했다. 기간이 짧은 대신 공부를 빡세게 시키는 유럽 MBA 전통에 따라 엄청 열심히 했던 기억이 난다. 그리고 지금은 문호가 꽤 개방되었지만, 당시엔 EU 취업비자 발급이 거의 불가능하여 졸업 후 다시 국내로 돌아와 직장생활을 시작했다.

그런데 RSM 졸업 후 10년 정도 지나기 시작했을 때, 내 예상과는 전혀 다른 전개가 시작되었다. 먼저 RSM의 랭킹이 점점 내려가기 시작해서 2010년대 중반엔 파이낸셜 타임스 4, 50위권까지 추락했다. 그 기간 중국, 홍콩, 싱가포르는 물론 국내 MBA들도 글로벌 랭킹을 올리는 데 혈안이 되어 이 같은 새로운 MBA 프로그램들의 랭킹이 치솟기 시작했고 그러다 보니 따로 랭킹 관리를 하지 않은 전통적인 비즈니스 스쿨들의 랭킹은 추락했던 것이다. 게다가 유럽 MBA 진학의 가장 큰 이유였던 EU 통합과 그에 따른 시너지가 생각보다 더뎠고 동유럽국가의 EU 편입 및 브렉시트로 일컬어지는 영국의 탈퇴 등으로 아직도 EU의 통합 시너지는 발휘되지 못하고 있다.

그에 반해 팍스아메리카나의 시대가 저물 것이라고 예상했던 미국은 2000년대 중반 이후 스타트업 붐과 더불어 4차 산업혁명의 총아인 세계적인 IT 기업들이 탄생하며 더 강하고 영향력 있는 국가가 되었다. 이 과정을 기업현장에서 지켜보며 난 20년 전 유럽 MBA로의 진학결심을 적잖이 후회한 적도 많았다. 20년 전엔 세계적인 명문 프로그램이었는데 지금은 아시아의 신흥 MBA에게도 밀리는 모습을 볼 때면 그때 지원하지 않았던 학교들이 눈에 떠오르며 왜 그런 결정을 했을까 하는 아쉬움을 떨칠 수 없었다.

한국사회에서 출신학교가 주는 소속감과 자부심들은 무시할 수 없는 요소인데, 그러다 보니 평생을 따라다닐 학교를 잘못 선택한 것이 아닌가 하는 생각이 매년 MBA 랭킹이 발표될 때면 이런 생각이 들곤 했다.

마음이 만들어내는 에고의 생각은 다양한 주제들로 시도 때도 없이 올라오는데 이 유럽 MBA 선택에 대한 후회와 미련의 생각들도 잊을만하면 찾아오는 주제가 되었다.

하지만 마음공부를 시작하고 나서부턴 이런 생각이 떠오를 때면 스스로 안정시키는 방법을 찾아내기 시작했다. 먼저 이미 지난 과거의 결정은 돌이킬 수 없는 일이고 후회해 봤자 아무 소용없는 백해무익한 일이란 것을 상기시켰다. 20년 전 내 결정은 누가 시킨 것도 아니었고 스스로 학교의 경쟁력 및 거창하게 말해서 세계시장의 재편까지 고려하여 내린 전략적인 판단이었다. 그 결과에 대해 받아들이지 않고 후회를 거듭하는 것은 어리석은 생각이라고 마음먹고 그저 내 에고가 말하는 얘기를 지켜보기로 했다.

한편으론 유럽 MBA를 택한 결정에 대해 장점도 생각해 보았다. 30대 초반에 기회비용을 무릅쓰고 MBA를 간 결정은 한국에서의 이후 직장생활에 알게 모르게 도움이 되었다. 특히 졸업 후 취업이나 타 회사로의 이직, 그리고 부서배치나 승진 등에서도 MBA 학위가 어느 정도 도움이 되었으리란 생각이 들었다. 특히 학부에서 지질학을 전공하고 첫 직장경력이 엔지니어링 회사였던 만큼, 비즈니스 스쿨의 학위취득은 내 커리어에 크게 보완이 되었다는 것을, 이후 내가 면접관으로 경력사원 인터뷰를 하면서 더 자주 느낄 수 있었다. 그리고 면접자를 평가할 땐 학부 전공이나 전 직장의 커리어와 MBA가 어떤 시너지를 일으켰는지를 유심히 보게 되었으며, 미국이냐 유럽이냐의 지역적 문제나 아니면 구체적인 현재 랭킹을 고려하지 않는다는 것도 내 경험을 통해 알게 되었다.

하지만 무엇보다 내가 유럽 MBA를 택한 결정의 가장 큰 장점은 그 경험을 통해 내가 책을 쓰게 된 것이다. 네덜란드에서 MBA를 하는 기간에 내 일생에서의 이 유니크한 경험을 기록으로 남기고 싶어 인터넷 커뮤니티에 연재하기 시작했다. 지금은 사라진 프리챌의 '유로 MBA 사이트'가 당시 한국에서 가장 큰 유럽 MBA 커뮤니티였는데 그 사이트에 출국부터 가족과 함께한 네덜란드에서의 생활, 공부의 어려움, 취업활동 등 시시콜콜한 일상을 연재했다. 그것은 생각보다 반응이 좋아 조회 수나 댓글이 꽤 많이 달렸는데, 그러다 보니 힘든 학업을 병행하면서도 일주일에 하나씩은 꼭 글을 써서 업로드 했다. 이 연재가 1년이 넘어가다 보니 입소문도 나기 시작했고 결국 졸업이 다가올 즈음 한 출판사에서 책을 내자는 연락이 왔다.

처음부터 출판을 의도하고 글을 연재한 것은 아니었지만, 그래도 당시엔 희귀했던 유럽 MBA의 일상이 꽤 독특한 주제였나보다. 귀국 후 몇 개월이 지나 드디어 〈나는 왜 유럽 MBA를 택했나〉라는 책이 세상에 나오게 되었다. 시간이 지날수록 이 책은 내가 네덜란드라는 유럽 MBA를 택하지 않았으면 나오기 힘들었을 것이란 생각이 들었다. 남들이 많이 가지 않는 유럽이라는 곳을 택했기에 작가로서의 경험이 전혀 없었던 내게 이런 기회가 찾아온 것은 분명한 사실이었다. 그리고 이 모든 일은 20년 전의 선택에서 비롯된 것이었다.

20년 전 선택은 비단 이 책 한 권으로 끝나지 않았다. 〈나는 왜 유럽 MBA를 택했나〉가 책으로 꾸려지는 과정을 지켜보며 출판이란 것이 어떤 기획과정을 거치는지, 집필의 시간과 분량은 어떻게 되며, 윤문과 디자인의 과정은 또 어떠한지, 마지막으로 마케팅은 어떻게 이루어지는지를 경험하게 되었다. 그리고 이런 경험은 직장생활과 담당업무의 전문성을 살려 후일 〈엔터테인먼트 경제학〉, 〈킬러콘텐츠 승부사들〉이란 두 권의 책을 더 출판할 수 있는 계기가 되었다. 결국, 현재의 시점에서 바라봤을 때 유럽 MBA로의 진학이라는 20년 전의 결정이 나비효과를 만들어 직장생활을 하며 세 권의 책을 출판할 수 있었고, 지금 또 새로운 책을 통해 독자들과 만날 수 있게 되었다.

내가 졸업한 네덜란드 RSM의 랭킹은 2023년 F.T 랭킹 70위권까지 하락했다. 하지만 이에 대해 후회하지 않느냐라는 에고의 재잘거림은 더는 들리지 않는다. 오히려 20년 전 내 결정이 인생에 더 큰 성취와 발전을 이루어 주고 있다는 느낌을 더 자주 받는다. 과거에 대한 후회가 오히려 삶을 감사히 생각하는 것으로 완전히 전환된 것이다.

The Present, 현재 그리고 선물

과거에 대한 후회와 집착은 빨리 지워야 하는 나쁜 감정이지만 과거 그 자체는 어떻게 보느냐에 따라 현재에 도움이 될 수도 있다. 그리고 이는 미래에도 같이 적용된다. 지금 이 순간, 현재를 강조한 인물 중 한국에 가장 먼저 알려진 사람은 〈누가 내 치즈를 옮겼을까?〉로 이미 한국 독자들에게 명성을 얻은 적 있는 자기계발 분야의 작가 스펜서 존슨이다. 2003년 〈The Present, 선물〉이 한국에 처음 출간되어 자기계발 분야는 물론 종합분야 최고의 베스트셀러 자리에 올랐다.

Present란 명사가 '현재'를 뜻하기도 하지만 '선물'이라는 중의적인 의미도 담고 있음을 활용하여 이를 우화형식으로 풀어 설명했는데 이것이 대한민국에서 공전의 히트를 기록하며 '지금 이 순간'에 관한 중요도와 관심을 크게 끌어냈다. 2000년대 초반은 명상이나 참선 같은 개념보다는 밀레니얼 새천년의 시작과 함께 자기계발의 열풍이 강할 때라 이 〈선물〉 역시 개인의 성공, 그리고 그것을 위한 자기 계발적인 메시지를 주로 담았다.

스펜서 존슨은 이 책에서 선물이란 결국 성공을 위한 열쇠이며, 그것은 바로 지금 일어나는 일에 집중할 수 있을 때 이룰 수 있다고 설명한다. 현재 속에 존재할 때 더 많은 것을 느끼고 집중할 수 있으며 그 안에서 행복과 성공의 기쁨을 느낄 수 있다고 했다. Present를 중의적 의미로 설명한 것처럼 바로 지금을 의미하는 영어 right now를 지금 'now' 옳은 'right'에 집중하라고도 말했다.

스펜서 존슨이 '현재'를 강조하는 다른 명상가나 영적 지도자와 가장 크게 차이 나는 점은 과거와 미래를 대하는 방식이다. 일부 명상가들은 앞서 언급한 대로 과거와 미래를 실제 존재하지 않은 허상으로 여기고 시간이란 개념 자체도 무의미한 것으로 주장하고 있다. 사실 이 부분이 마음공부를 하는 사람들에겐 넘어야 할 가장 높은 장벽이다. 그리고 시간의 무의미성이란 파격적인 개념 때문에 마음공부에 대한 거부감을 느끼게도 만드는 요소이다. 이에 반해 스펜서 존슨은 현재를 더 잘 살려는 방편의 하나로 과거와 미래의 중요성에 관해 얘기한다.

먼저, 과거에 대해선 고통스러운 과거의 기억이 떠오를 때 이를 피하려고 다른 생각을 하지 말고 이 고통에서 '배움'을 찾으라고 주장한다. 과거에서 배움을 얻지 못하면 과거를 보내기 어렵지만, 과거에서 배움을 얻고 과거를 떠나보내는 순간 우리의 현재는 더 나아진다. 결국, 과거를 '배움'이라는 방편으로 사용하여 현재를 더 가치 있게 만들라는 것이다.

미래에 대한 설명도 이와 유사하다. 현재보다 더 나은 미래를 만드는 것은 철저한 '계획'으로부터 이뤄진다. 미래에 대한 계획이 철저하면 오히려 걱정과 불안을 줄일 수 있고 성공적인 미래를 향해 나아갈 수 있다. 멋진 미래의 모습을 머릿속에 떠올리고 그것을 달성하기 위한 계획을 세운 후 이를 위해 지금 당장 할 수 있는 일이 무엇인지를 찾아서 추진해 나가는 것, 그것이 바로 더 나은 현재를 위한 미래의 역할이라는 것이다.

스펜서 존슨의 〈선물〉이 자기계발서라는 것은 소년과 노인의 대화에서 노인의 마지막 메시지로 잘 나타나고 있다. 더 나은 현재를 위한 과거와 미래의 역할도 중요하지만 궁극적으로 이를 수행하는 데 소명의식을 가져야 한다는 것이다. 소명의식을 가진 삶이란 단지 무엇을 해야 하는지 뿐 아니라 '왜' 해야 하는지도 아는 것이며 우리가 어떻게 행동하는가는 결국 우리의 소명이 무엇이냐에 따라 다르다는 것이다. 결국, 스펜서 존슨은 많은 자기계발서에서 얘기하는 소명의식의 중요성을 설명하면서 Present, '선물'이자 '현재'라는 키 메시지를 활용했으며 더 나은 현재를 위한 보조장치로 과거와 미래라는 시간을 설명하고 있다. 명상과 마음공부의 영역이 아니라 성공이나 자기계발의 영역에서 얘기되는 시간의 개념이다 보니 〈Present, 선물〉은 한국의 독자들에게 편하게 다가왔고 많은 영감과 울림을 주기에 충분했던 〈현재〉에 대한 메시지였다.

지금 이 순간을 살아라

자기계발로서 강조되는 '현재'는 더 발전된 자신과 미래에 대한 성공을 위해 도전하는 사람들에게 필요한 것임에 반해, 지금 당장 마음의 고통을 받고 있으며 치유과 힐링을 바라는 사람들에겐 또 다른 방식으로 현재의 받아들임이 필요할 수 있다.

명상과 마음공부의 영역에서 현재를 강조하는 대표적인 명상가는 에크하르트 톨레다. 그는 달라이라마, 틱낫한과 더불어 세계 3대 영적 지도자로 꼽히는 사람으로 저서 〈지금 이 순간을 살아라, The Power of Now〉, 〈이 순간의 나〉 등을 통해 현재에 집중하는 삶이 얼마나 마음공부에 도움이 되는지를 주장하고 있다.

에크하르트 톨레의 시간에 대한 설명은 스펜서 존슨에 비해 좀 더 파격적이다. 그는 시간이라는 망상을 버리라고 한다. 우리가 과거라고 생각하는 것은 마음속에 저장된 지나간 '지금의 흔적'이며 과거를 기억할 때 그 기억의 흔적을 재가동시켜 '지금'의 것으로 작동시킨다는 것이다. 미래 역시 마음이 만들어 낸 것으로 '상상 속의 지금'이다. 과거와 미래는 그 자체로는 실재하지 않으며 달이 스스로 빛을 내지 못하고 태양의 빛을 반사하는 것처럼 과거와 미래는 '영원한 현재'가 지닌 빛과 힘을 희미하게 발사하는 것뿐이란 것이다.

에크하르트 톨레는 '심리적인 시간'이란 개념을 통하여 시간으로부터의 강박관념에서 벗어나라고 얘기한다. 시계가 가리키는 시간을 사용하되 현실의 문제를 해결하면 즉시 지금의 순간으로 돌아오는 훈련이 필요하다고 한다. 깨달음을 얻은 사람은 항상 '지금 이 순간, 현재'에 집중하며 현실의 시간은 주변장치로 활용하는 데 익숙하다. 즉 이들은 시계가 가리키는 시간을 계속 사용하면서도 심리적인 시간에서 자유롭다.

예를 들어 과거의 실수로부터 뭔가를 배우고 있다면 그는 시계가 가리키는 시간을 사용하는 것이다. 하지만 과거의 잘못을 떠나지 못한 채 자기를 비판하고 저주하며 죄책감을 느끼고 있다면 그는 그 실수를 '자신의 것'으로 만들고 있으며, 심리적인 시간에 구속받는 것이다. 미래도 마찬가지다. 미래에 대한 목표를 세우고 그것을 향해 나아간다면, 시계가 가리키는 시간을 사용하는 것이 되지만 목표에 지나치게 초점을 맞추어 미래의 행복, 성취감, 자기만족을 너무 의식하게 되면 '지금'은 더 이상 중요하지 않게 된다. 그러면 자연히 시계가 가리키는 시간은 심리적인 시간으로 변하게 될 것이며 그것에 사로잡히게 된다.

에크하르트 톨레는 시간이 신기루이며 환상이라는 파격적인 주장을 하고 있지만 앞서 얘기한 시계가 가리키는 시간과 심리적인 시간과의 차이점을 설명하며 자연스레 스펜서 존슨의 과거와 미래의 긍정적인 역할도 언급하고 있다.

그는 우리가 삶이라고 말하는 것은 좀 더 정확하게 설명하여 '삶의 상황'이라고 얘기한다. '삶의 상황'이란 과거와 미래라는 심리적인 시간의 개념이 포함된 삶이다. 하지만 과거와 미래가 결합된 삶의 상황에서 벗어나 지금 이 순간, 현재의 삶에 집중해 보라고 한다. 현재에 집중하다 보면 인간의 '삶'은 바로 지금뿐이라는 것을 깨닫게 된다. 삶의 상황은 마음이 만들어내고 심리적인 시간이 만들어내지만 우리의 삶은 지금 현재 실재이며, 그것은 우리가 '지금 이 순간 현재'만을 생각할 때 느낄 수 있다.

극단적인 비유를 들자면, 목숨이 위태로운 긴급한 0.01초의 찰나의 순간에 우리는 '지금 이 순간'을 가장 극적으로 경험할 수 있다. 교통사고가 날 뻔한 위기를 아슬아슬하게 벗어났을 때, 화재의 위험에 빠진 자녀를 극적으로 구해냈을 때, 전쟁터에서 총탄이 자기 머리 위로 스쳐 지나갔을 때 등 삶과 죽음의 경계를 느끼는 순간 우리는 마음과 시간이 정지함을 느끼며 오직 '지금 이 순간, 현재'에 집중하게 된다. 과거와 미래와 같은 심리적인 시간이 얼마나 부질없음을, 그런 극적인 사건을 통해 현재에 집중해 본 경험이 있는 사람들은 좀 더 확실하게 현재에 도달할 수 있다.

결론적으로 본다면 치유와 힐링의 목적으로 마음공부를 하는 사람들에게는 과거와 미래가 심리적인 시간에 불과하며 현재의 삶이란 것도 이 심리적인 시간이 만들어 낸 '삶의 상황'이란 것을 깨닫는 방식으로 수행하는 것이 좀 더 좋은 치유방식이 될 수 있을 것이다.

현재에 집중하기 위한 호흡법

예전에 멘탈 헬스 관련 신사업을 진행하면서 집중력 강화에 도움이 되는 디지털 디바이스를 사내 임직원들에게 소개한 적이 있었다. 이 디바이스는 뇌파를 측정해서 데이터나 그래프로 얼마나 심리적 안정이 되었는지 그리고 업무나 공부에 집중할 준비가 되었는지를 보여주는 디바이스였다. 디바이스를 착용하고 눈을 감고 애플리케이션이 지시하는 대로 호흡하면 뇌파가 안정되는 기능이 있었다.

이 소개가 끝나고 며칠 뒤 한 동료 임원을 만났다. 그는 내게 그 디바이스는 데이터만 보여주는 기구이고 결국엔 이미 많이 알려질 대로 알려진 호흡법을 하는 게 아니냐며 그다지 새로운 형태가 아니라는 질문을 했다. 뭔가 내가 새로운 것을 준비하는 줄 알았는데 결국엔 알려질 데로 다 알려진 호흡법 아니냐 하는 실망까지 그의 질문에서 엿볼 수 있었다.

따지고 보면 그의 질문은 맞는 말이다. 디바이스는 측정하여 보여줄 뿐이고 집중으로 이끄는 것은 호흡법이었으니 말이다. 하지만 측정되고 관찰된다는 것이, 눈으로 보이지 않는 결과를 위해 노력하는 명상에 얼마나 도움이 되는지를 그 임원은 간과했다. 실제 좋아지는 것이 수치로 보이면 효과를 믿게 되고 믿으면 더 자주 수행할 수 있게 된다. 이제 그런 디지털 디바이스들의 도움이 있기에 호흡법을 더 자주 안정적으로 수행할 수 있는 시대가 되었다. 그러므로 우리가 일상이라고 생각하는 직장생활에서 마음공부의 수행을 하는 것과 같이, 너무나 당연한 숨 쉬는 행위를 통해서도 현재에 집중할 수 있는 상황을 자주 만날 수 있다.

현재에 집중하거나 명상을 위한 호흡법은 고대 전통방식에서부터 현대 마음공부 수행에 이르기까지 시대를 초월한 공통적인 수행 방식이다. 명상을 위한 의식적인 호흡은 현재 지금의 순간으로 가는 관문 역할을 하며 집중력을 키우는 좋은 수단이 된다.

마음공부를 위한 호흡의 핵심은 들숨과 날숨에 주의를 의도적으로 집중시키는 것이다. 호흡을 자연적으로 일어나는 신체 반응으로 생각하는 대신 의식적으로 하는 것, 즉 하나의 생명체로서 내가 호흡을 하고 있다는 것을 의식해야 한다. 마음공부 호흡은 호흡하는 사람의 주의를 지금 이 순간에 집중시킴으로써 현재에 잠시 머무르게 하는 역할을 한다. 이렇게 호흡을 이어 나가면 마음속의 잡념이 줄어들기 시작한다. 과거에 대한 걱정과 미래에 대한 불안이 점차 해소되고 현재만이 남는다.

마음공부 호흡을 하는 동안 호흡하는 사람은 호흡을 관찰하는 사람이 되어 수행의 첫 번째 단계인 알아차림을 경험할 수 있다. 생각이 떠오르는 대로 가만히 지켜보다 보면 어느 순간 내 감정을 관찰할 수 있게 된다. 그러다 보면 자연스럽게 호흡은 지금 이 순간 현재라는 단 하나의 시간대로 나를 데려간다. 이처럼 명상을 위한 호흡법은 현재에 집중하여 불필요한 생각들을 떨쳐버리는 데 가장 좋은 마음공부 방법이다.

많은 명상서에는 호흡을 우리 마음속에 존재하는 닻이라고 표현하고 있다. 배가 파도에 휩쓸리지 않도록 바다 깊숙이 닻을 내리는 것처럼 호흡의 감각을 느끼는 것은 우리 마음이 이리저리 흔들리지 않게 단단히 고정하여 편안하고 안정된 상태를 만들어준다. 호흡법을 통해 마음이 안정되면 우리는 비로소 지금 이 순간 현재로 들어가는 관문을 통과하게 된다. 따라서 일상생활 속에서 무의식적으로 하는 호흡을 하루에 잠시라도 짬을 내어 의식적으로 숨을 쉰다고 느끼는 호흡을 해보자. 직장생활을 오히려 수행의 한 과정이라고 믿는 직장인들이라면 조금의 집중과 시간 할애를 통해 최고의 결과를 얻을 수 있는 수행법이 바로 이 호흡법을 통한 명상이다.

주고, 주고 또 주고, 그리고 잊어버려라

〈그리스인 조르바〉로 유명한 작가 니코스 카잔차키스의 묘비명엔 유명한 세 문장이 적혀 있다.

"아무것도 바라지 않는다. 아무것도 두렵지 않다. 나는 자유다".

그렇다. 진정한 자유가 되려면 무엇보다 바라는 것이 없어야 한다. 바라는 것이 있으면 몸이든 마음이든 무언가에 예속되고 예속되면 잃어버릴까 손해를 볼까 걱정하며 두려워하게 된다.

인간관계도 마찬가지다. 우리가 관계 속에서 사람에게 실망하는 경우가 종종 있는데, 그것은 그 사람에게 뭔가를 기대했기 때문이다. 기대하지 않으면 실망하지 않는다. 그냥 사람 사이의 관계에서 현재에만 충실하면 되는데 미래의 무엇인가에 대해 기대하는 순간 오히려 실망할 개연성이 커지는 것이다.

보통 기업의 사외이사는 주요 이사회만 참석하기 때문에 현직에 있는 임원들과 교류하는 경우는 많지 않다. 내가 기억에 남는 사외이사 한 분이 있다. 특이하게 이 분은 새로 부임한 이후 몇 명의 임원들을 불러 티타임을 갖자는 요청을 했다. 사회 선배로서 한창 열심히 일할 후배들에게 뭔가 조언을 해주고 싶으셨던 것 같은데 보통 사외이사분들이 이런 미팅 요구를 하지 않았기에 내심 왜 그러시나 하는 의구심을 가지고 참석했다.

오랜만에 만난 현직 후배들이 반가워서였을까? 예상했던 대로 그분은 임원들이 가져야 할 마음가짐이나 태도 등에 대해 본인의 생각을 얘기하기 시작했다. 한 30분이 지났을까? 다음 미팅도 있고 해서 마음이 점점 떠나가고 있었을 때 그분은 마지막 강조의 말씀을 남겼다.

"회사생활에서 특히 선배가 되면 이 말을 명심해라."
"Give, Give, Give and Forget about it."

회사생활이란 인간관계에 있어서 본인이 할 수 있는 능력이 된다면 주고, 주고 또 주고, 그리고 잊어버리란 것이다. 그 말을 처음 들었을 땐 그게 무슨 얼토당토않은 말인가 하고 생각했다. 하지만 그 날 그 미팅 이후 그 말이 계속 머리에 맴돌았다. 계속 주기만 하고 잊어버리라…. 그럼 왜 줘야 하는 거지? 이런 일반 범인들의 생각들로 궁금증이 계속되던 중, 갑자기 떠오른 것이 위의 바로 니코스 카잔차키스의 묘비명이었다. 그랬다. 사람들이 인간관계에서 무언가를 남에게 주었다고 한다면 응당 그것에 대한 반대급부의 기대를 하게 된다. 내가 이만큼 해줬으니 너도 이만큼은 최소한 나에게 해주겠지라는 바람이다.

하지만 회사 안에서의 인간관계는 계약서를 쓰고 하는 거래가 아니다. 그냥 그 상황이 되어서 또는 그 시점에 내가 그런 권한을 가지고 있어서 결정하고 집행하는 일들이 대부분이다. 특히 리더와 구성원들 사이에선 더 명확하다. 리더로서 후배직원을 평가하고, 승진시키고, 좋은 교육과정에 파견하고, 심지어 법카로 회식을 시켜주고 하는 것들은, 회사로부터 권리를 위임받아 집행하는 리더의 당연한 회사업무이다.

그런데 종종 리더 중에는 그런 일들을 후배에게 베푼 거로 생각하는 사람들이 있다. 내가 '저 친구 승진을 시켜줬으니', '저 친구 평가를 잘 줬으니' 등등 그런 생각을 하게 되면 저절로 그 후배에게 뭔가를 기대하게 된다. 자신에 대한 더한 충성이든 아니면 듣기 좋은 아첨이든 뭐가 되든 기대한다.

하지만 후배들의 마음은 그렇지 않다. 노자의 도덕경에서도 얘기했듯 조직 속에서의 개인은 일이 잘 되면 모두 그것이 자기가 잘해서 된 것이라 여기는 것이 인지상정이다. 자신을 밀어준 리더에게 고마운 마음을 가지고는 있으나 그것을 갚아야 할 빚이라고는 생각하지 않는다. 자신이 조직의 리더라서 후배에게 베풀어 준 것을 가지고 그 후배로부터 무언가를 기대하는 것은 마치 채무자는 없는데 채권자가 생기는 것 같은 상황이 되기 쉽다. 따라서 이런 잘못된 생각에 대해 그 사외이사님은 리더로서 후배들에게 가져야 할 마음가짐을 그렇게 표현해 준 것이었다.

어쩌면 조직의 리더들이 가장 중요하게 생각해야 할 마음가짐인데 아무도 그런 얘기를 해주는 사람은 없기에 짚어 주신 것이었다. 그제야 난 사외이사님의 티 미팅을 요청한 이유를 이해했고 그날 한번 밖에 뵌 적이 없지만, 아직도 그런 깊은 깨달음을 주신 그분께 감사하고 있다.

어쩌면 임원이 되었기에 그분의 말씀을 더 이해했을지도 모른다. 하지만 생각해 보니 나는 이미 이십 년도 전에 그런 얘기를 들은 적이 있었다. 내 첫 직장이 삼성엔지니어링이 된 건 내게 큰 행운이었다. 삼성엔지니어링을 떠나 창업을 하며 사실 엔지니어링과 관련한 내 커리어는 끝이 났다. 하지만 사회인으로 첫걸음을 시작한 첫 직장에서 배운 것은 지금까지 내 마케팅과 신규사업의 커리어 전반을 관통하고 있다. 요즘은 프로젝트 매니지먼트(PM)라는 것이 모든 산업군에서 쓰이는 용어가 되었지만 사실 이 용어의 시작은 엔지니어링 업이다.

19세기 말 독일 화학회사에서 석유화학 플랜트를 처음 시작할 때 설계, 구매, 시공의 복잡한 과정을 관리하기 위하여 정교하게 짜 놓은 방식이 바로 프로젝트 매니지먼트의 시작이다. 그러다 보니 어느 업종 보다 그 관리 툴이 촘촘할 수밖에 없고 거기서 배운 것들이 비록 다른 산업군들이었지만 TF 활동 등 프로젝트 성 업무에 참여할 땐 많은 도움이 될 수밖에 없었다.

하지만 업무역량 외 더 크게 얻은 것은 거기서 만난 좋은 선배님들이었다. 삼성엔지니어링에서는 사원 2년, 주임 3년을 마치고 대리 진급 후 퇴사했다. 그러다 보니 거기서 만난 사람들은 대부분 내 선배들일 수밖에 없었다. 신입사원 시절은 IMF가 되기도 전이니 군대식 조직문화가 대기업에 만연했을 때였다. 하지만 삼성엔지니어링의 내 선배들은 그러지 않았다. 한 분 한 분이 그 분야의 전문가임은 물론 선배로서 나에 대한 교육이라든지 기회제공 등 모든 분야에서 많은 배움을 얻을 수 있었다. 특히 인간적으로도 나를 까마득한 후배가 아닌 한 명의 인격체로 대해주었고, 내 의견에 대해서도 존중하고 받아주었다. 그런 회사를 자발적으로 떠나야 하는 내 마음은 무척 무거웠다. 퇴사하는 날 송별회에서 나는 그런 고마움을 절절히 표현했던 것 같다. '선배님들을 만나서 너무 영광이었고 내겐 큰 행운이었다. 무엇이 되든 머지않은 미래에 선배님들께 보답할 기회를 만들도록 하겠다.' 이런 내용의 내 감사함을 듣던 최고 선배가 한마디 하셨다.

"우리에게 고마움을 느꼈다면 그건 우리 역시 감사할 일이다. 하지만 그 보답은 우리에게 할 필요가 없다. 네가 진정 고마움을 느꼈다면 그건 네 후배에게 해줘라. 그게 내리사랑이다."

소주 한 잔을 비우며 내게 했던 그 선배님의 멋진 모습을 난 아직도 기억한다. 몇 년이 지나고 내가 그 에피소드를 얘기했더니 그 선배는 멋쩍게 웃으며 기억이 나지 않는다고 했지만, 난 그때 그 말이 그의 진심이었었다고 믿는다.

그 후 선배가 말했던 내리사랑을 실천하려고 한동안 노력했다. 사외이사님의 말처럼 모두 잊어버린 것(forget about it)이 아니라 오히려 기억하고 후배들에게 받은 것을 돌려준다는 생각을 했다. 하지만 그 실천을 꾸준히 하기는 쉽지 않았다. 내게 베풀어준 시혜자에게 돌려주는 것이 아니라 새로 나타난 제삼자에게 돌려준다는 건 내 망각과 귀차니즘의 협력으로 오래가기 어려웠기 때문이다. 그랬기에 사외이사님의 말씀이 더 와닿았는지 모른다.

그냥 주고, 주고 또 주고 잊어버리기. 그러면 내가 준 사람에게 대가를 기대하지 않아도 되고 기대를 하지 않으면 미래의 삶보다는 현재의 삶에만 충실할 수밖에 없다. 바로 지금 이 순간을 살아가기 더 좋은 상황이 되는 것이다. 그리고 간과하지 말아야 할 것은, 내가 준다는 것은 내가 줄 수 있는 상황이 되었다는 것이다. 그만큼의 권한과 재량권을 현재 갖고 있을 때 줄 수 있는 것으로, 그것이 없어진 다음에는 줄려고 해도 줄 수조차 없다. 그렇기에 우리는 현재에 더 집중해야 한다.

후배들에게 또는 누군가에게 줄 수 있는 여건이 되었을 때 많이 주자. 지금 그냥 주는 것에만 집중하고 미래에 무언가를 기대하지 말자. 그럼 과연 어떤 일이 벌어질까? 삼성엔지니어링 선배의 말을 빈다면 그것은 내리사랑이 되어 사회가 선순환될 것이다. 그리고 선순환된 사회는 언젠가 내가 누군가의 도움이 필요할 때 마치 우연처럼 누군가의 손길로 내게 다가와 줄지도 모를 일이다.

회사 안에 만들어진 호스피스 병동

CJ E&M으로 합병된 후 엠넷미디어는 CJ E&M의 음악 부문이 되었다. 당시 음악 부문은 여러 사업부 체제로 운영이 되었는데 내 회사생활 경험 중 손가락에 꼽을 정도로 각 사업부장과의 친밀도가 높았다. 직장동료를 넘어서 친구, 선후배 같은 끈끈함 같은 것도 있었다. 음악이란 산업이 아티스트 매니지먼트부터 음반제작, 음원 플랫폼, 방송, 콘서트에 이르기까지 유기적으로 연결되어 있고 OSMU(One Source Multi Use)를 통해 현금흐름을 최대한 창출하는 것이 비즈니스모델의 근간이었기에 그럴 수밖에 없기도 했다. 게다가 음악이란 콘텐츠를 좋아하는 덕후들이 많다 보니 공동의 관심사에 대해 자주 모여 이야기하는 동아리 같은 느낌이 들 때도 있었다.

'슈퍼스타K2'가 18.1퍼센트라는 케이블 티비의 경이로운 시청률을 기록하고 지금은 누구나 인정하는 아시아 최고 음악축제가 된 MAMA(Mnet Asian Music Awards)의 첫 해외공연이 마카오에서 벌어진 해가 2010년이었다. CJ E&M으로의 합병도 성공적으로 안착하여, 특히 음악 부문이 위의 두 가지 큰 성과를 기록했기에 2011년은 더 기대되는 한 해였다.

그런데 그해 초 조직개편의 일환으로 사업부장 중 두 명이 보직해임되고 회사를 떠나게 되었다. 너무 갑작스럽게 결정된 일이라 모두의 충격이 컸다. 그 두 명 중 한 명은 나의 선배고 한 명은 후배였는데, 사업부장 중 특히 친했던 사람들이라 나의 상실감이 가장 컸던 것 같다. 회사에선 인사발령을 낸 후 개인적으로 정리할 시간을 3개월 주었다. 그 3개월간 출근은 자율에 맡겼다.

문제는 사업부장 자리는 파티션을 높게 두어 따로 방처럼 마련되는 것이 총무 프로토콜인데 사업부장 자리에서 보직해임이 되다 보니 흔한 말로 방을 빼야 하는 상태가 된 것이다. 아직 3개월은 회사에 적을 두기에 자리는 만들어야 하니 일반 직원들처럼 책상 하나만 덩그러니 놓을 수밖에 없었다. 갑자기 통보를 받은지라 이 두 사람도 정리의 시간이 필요했고 그러려면 가끔은 회사를 나와야 하는 상황이었다. 그런데 사업부장

자리가 아니라 사업부의 동료들과 책상을 나란히 하고 앉아 있어야 하는 처지가 된 것이었다. 직장인들은 사무실 레이아웃과 자신들 책상의 위치와 형태의 상관관계에 대해 그것이 얼마나 중요한 것인지 모두 공감할 것이다. 임원과 팀장의 책상과 사무실 구조는 일반 직원들과 차등이 있고 직원들 사이에서도 팀장과의 거리나 위치에 대해 눈치 게임을 하며 자리를 정하기도 한다. 어쩌면 사소해 보일 수 있는 사무실 레이아웃이지만 직장인들에게는 자신의 권위, 신분의 지정학적 표현, 권력과의 거리 등을 나타내는 복잡미묘한 바로미터이기도 하다.

사업부장 자리에서 물러나 비록 임시이긴 하나 일반사원들과 나란히 책상을 써야 한다는 것에 나는 그대로 감정이입이 되었다. 나도 언제 그들과 같은 처지가 될지 모르는 사람인지라 한 번 그 상황을 상상해보니 그들의 심정이 어떨지 매우 공감되었다. 그래서 이대로 있을 수 없었다. 뭔가 방법을 찾아 그들을 명예롭게 보내줘야겠다는 다짐을 하게 되었다.

당시 나는 플랫폼 사업부장이었는데 내 옆자리가 음악사업부장 자리로 그는 내 친구기도 했다. 이 두 사업부 사이에 건물 기둥이 자리 잡고 있다 보니 두 사업부 간의 통로처럼 쓰이는 빈 공간이 두 세평 정도 있었다. 잘하면 저 자리를 활용할 수도 있겠단 생각이 들었다. 사무실 레이아웃은 인사팀장 소관이기에 먼저 인사팀장을 찾아갔다. 사정을 설명하고 빈 공간이 있으니 3개월 정도만 사용할 수 있냐고 문의했다. 인사팀장도 3개월이라는 한시성이 있었기에 나와 음악사업부장 두 사람끼리만 합의

되면 그렇게 하라고 했다.

　다음으로 친구인 음악사업부장을 찾았다. 그도 떠나는 두 사람과 친분이 많았기에 흔쾌히 내 생각에 동의해 주었다. 나는 총무팀 담당자를 불러 그간의 사정을 설명하고 그 두세 평 공간에 대한 간단한 인테리어를 요청했다. 책상과 의자는 일반 직원들과 동일한 것을 쓰되 이 두 책상이 있는 공간을 기존 사업부장 레이아웃과 동일하게 파티션을 올려달라고 했다. 그리고 파티션은 가급적 지나다니는 사람들 눈에 띄지 않게 평소보다 높이 올리고 이 두 사람이 지나갈 수 있는 통로만 문처럼 확보해 달라고 했다. 어차피 그 자리는 내 바로 옆자리였기에 그들과도 친한 우리 사업부 팀장 한 명에게 그들이 출근할 경우 프린터라든지 사무용품이든 필요한 것 있으면 챙겨달라고 부탁하는 것으로 이 일련의 과정을 마무리했다.

　완성된 인테리어를 보고 두 사업부장은 너무 만족스러워했다. 어차피 사무실에 매일 출근할 것이 아니기 때문에 자신의 책상이 있는 공간만 있으면 되었고 사람들 시선에서 가려진 곳이면 충분한 것이었다. 그리고 내 바로 옆자리기도 했기에 그들이 출근했을 경우 내가 말벗이 되어 주기에도 좋았다. 고마워하는 그들에게 나는 농담으로 여기는 '호스피스 병동'이라며 두 분 가실 때까지 편안히 계시라고 얘기했고 그들은 껄껄 웃으며 호스피스 병동을 잘 이용하겠노라고 답했다.

　3개월간 한시적으로 운영된 호스피스 병동에 그들이 찾아온 것은 두 명 합쳐서 채 다섯 번도 되지 않은 것 같다. 하지만 그 다섯 번 남짓의 방문 동안 그들은 사업부장 자리에서 내려온 상실감과 옛 동료 후배를 다시 만나야 하는 불편함 등의 감정을 호스피스 병동의 인테리어를 통해 잠시 내려놓을 수 있었을 것이다.

3개월이 끝나갈 무렵 그들은 짐을 빼기 위해 호스피스 병동을 마지막으로 방문했고 나는 우리 사업부 직원들과 함께 그들의 짐을 지하 주차장까지 들어주며 마지막 가는 길을 배웅했다. 그동안 회사를 위해 고생한 그들을 위해 회사를 대신해서 내가 해줄 수 있는 가장 큰 존경을 그들 가는 길에 보여주었다.

우리는 지금도 일 년에 몇 번은 모이는 평생의 친구가 되었다. 그 선배는 지금 국내 굴지의 리조트 회사 영업총괄 임원으로 있고 그 후배는 우리나라 저작권 IP 사업의 거물이 되었다. 그 사이에 내가 어려운 일을 겪을 때도 있었는데 그들은 누구보다 앞장 서서 나를 위로해 주었고 실질적인 도움을 주기 위해 여러 방면으로 알아봐 주기도 했다. 이것을 앞에서 얘기한 사외이사님의 '주고, 주고, 주고, 그리고 잊어버려라'의 실천사례라고 할 수 있을까? 물론 사외이사님 말씀을 듣기 전에 일어난 일이었지만 어쩌면 주고, 주고, 또 주고 난 후 아주 오랜 시간이 흘렀을 때 어떤 현상이 나에게 벌어지는지를 보여주는 사례 같기도 하다. 난 당시 미래가 아닌 현재, 지금에만 집중했던 것 같다. 그들이 느낄 공허함과 당혹함에 깊이 감정이입을 했고 그들을 조금이라도 편안하게 해 주자는 생각만으로 호스피스 병동을 만들었다. 그들은 후일 내게 말하길 직장생활 중 가장 잊지 못할 기억을 호스피스병동을 통해 얻었다고 했다. 그리고 갑자기 회사를 떠남에 있어 회사에 대한 일부 원망도 있었지만, 결과적으로 명예롭게 떠날 수 있어서 행복했다고도 했다. 그런데 그들의 그런 얘기를 들을 때면 어쩌면 가장 행복감을 느끼는 사람이 나란 생각이 들었다. 기부를 많이 하는 사람들의 얘기가 기부를 하다 보면 받는 사람이 아니라 기부하는 자신이 제일 행복하다고 하는데 그 말의 의미를 어렴풋이 이해할 것 같기도 하다. 역시 세상을 선순환시키는 것은 아무런 조건 없이 자신이 그런 것을 할 수 있는 상황이 될 때 지금 이 순간 현재에만 집중하여 주고, 베풀고 하는 것이 정답임을 다시금 느낄 수 있었다.

한때 기버(Giver: 주는 사람)가 자기계발서의 화제로 떠오른 때가 있었다. 테이커(Taker)가 인간관계에 있어 주는 것에 비해 받는 것이 많은 사람이라면 기버는 주는 것이 더 많은 사람을 말한다. 그리고 기버와 테이커의 일생을 추적해봤더니 결국 큰 성공을 거둔 사람 중에는 기버가 더 많았다는 것이 그 책의 주된 내용이었다. 그런데 이 책에서 기버와 테이커가 주고받는 것은 현실적인 이익이나 보상이며 시간의 축으로 보자면 현재와 미래의 주고받음의 총량 중 어디가 부등호가 큰 것인가를 측정하는 것이다. 그러다 보니 현실에서의 성공 특히 경제적인 성취를 누가 더 이루었냐에 초점이 맞춰져 있다. 나는 그 이론에 동의한다. 하지만 마음공부의 측면에서 보자면 기버는 현실의 이익이나 보상보다는 그냥 주는 것 자체의 행복함에만 집중하는 모습이 더 좋을 것 같다. 미래라는 시간을 염두에 두지 않고 오직 지금 이 순간 현재의 행복을 위해 남에게 줄 수 있는 것, 그것이야말로 마음공부 영역에서의 기버의 모습이 아닐까?

앞서 얘기한 호스피스 병동의 사례도 마찬가지다. 나는 떠나는 두 사업부장의 불명예스러운 모습을 보는 것이 견디기 힘들었고 그래서 내가 해 준 작은 편의가 그들에게 기쁨을 줄 수 있다는 자체가 행복했다. 당시 내가 기버나 테이커의 이론을 접한 것도 아니었지만 그냥 그 순간에 내가 해줄 수 있는 것이 있다는 자체가 좋았다. 그리고 그 행동에는 미래라는 시간의 영역은 전혀 고려되지 않았다. 오직 지금 이 순간, 현재만 존재했고 그 현재에 충실했던 결과 나는 더 마음의 커다란 행복감을 가질 수 있었다.

3

속지 마, 모두 마음이 지어낸 것들이야

성공한 리더들은 일희일비하지 않는다

———

　흔히 멘탈이 강하다고 얘기하는 사람을 보면 평정심을 유지하는 데 탁월한 사람들이다. 달리 말하면 그들은 일희일비하지 않는다. 세상을 살다 보면 삶의 연속선 상에서 좋은 일과 나쁜 일은 계속 번갈아 가며 나타난다. 그런 일들에 그때그때 감정적으로 반응하는 사람들은 보통 사람들이다. 그에 비해 멘탈이 강한 사람들은 그 감정이 잘 드러나지 않는다. 즉, 얼굴에 티가 나지 않는다. 그들도 사람인지라 희로애락을 똑같이 느낄 텐데 왜 그들은 티가 나지 않을까? 그들은 그럼에도 불구하고 참아야 한다는 것을 경험적으로 아는 사람들이기 때문이다. 감정을 그대로 나타내고 표현하는 것이 결과적으로 좋지 않은 결과를 초래했다는 것을 경험을 통해 알기에 그들은 감정을 통제한다.

우리는 호사다마, 전화위복, 새옹지마의 교훈을 모두 알고 있다. 좋은 일과 나쁜 일은 사이클을 두고 반복됨은 물론 좋은 일이 안 좋은 일이 되기도 하고 나쁜 일이 오히려 큰 기회로 다가오는 경우도 흔히 있다. 동서고금을 막론하고 이런 현상들이 인간사회에서는 늘 일어나는 일임을 알고는 있지만, 막상 좋은 일과 나쁜 일이 생기면 그 감정을 고스란히 표출하는 것이 평범한 사람들의 모습이다.

성공한 리더들은 다르다. 그들은 참을 줄 알고 더 정확히는 감정을 표출하는 것을 참는 것에 훈련이 된 사람들이다. 타고난 성정이 예민한 사람 중에도 기업의 리더로 커 나가는 경우가 있다. 그들은 일반인들보다 감정을 통제하기 더 힘든 성향이 있어서 리더가 되기까지 그리고 리더가 된 후에 감정을 다스리는 데 더 큰 노력이 필요했다.

내가 아는 동료 한 명도 걱정을 늘 달고 사는 예민한 성격이었는데 탁월한 실력과 업적으로 임원이 된 사람이다. 사람은 고쳐 쓰는 게 아니고 바꿔 쓰는 것이란 말은 그의 경우는 해당되지 않았다. 임원이 된 후 그는 최소한 겉으로는 감정의 동요가 점점 드러나지 않고 있다는 것을 내가 느낄 정도로 평정심을 찾아가고 있었다. MBTI가 전형적인 I였는데, 그의 이전의 모습을 못 본 사람들이라면 E가 아닐까 생각할 정도로 넉살도 좋아졌다.

그것은 그의 노력과 훈련의 결과라 믿는다. 감정을 통제하고 일희일비하지 않는 것이 임원들에게 요구되는 자질임을 알았기에 그는 노력했고 결국 바뀔 수 있었다. 그에게 슬쩍 비결을 물어본 적이 있다. 그 정도로 바뀌기엔 특별한 무엇이 있을 것이라 기대했던 내게 그의 답변은 의외로 간단했다. 책임져야 할 후배들이 많아지니 자기가 그렇게 해야 할 거 같아서 힘들지만 바꾸려고 노력했다는 것이다. 자신의 불찰로 본인이 피해를 보는 것은 괜찮지만 그것 때문에 구성원들이 힘들어지는 것은 도저히 볼 수 없다는 절실함이 그를 변하게 만든 원동력이었다.

사람마다 감정을 통제하는 방식은 다르다. 위 임원처럼 강한 책임감 때문에 감정을 통제하기 시작한 사람도 있고, 문제가 발생한 당시는 꾹 참지만, 그 상황이 지나고 나서 취미나 인간관계 같은 자신만의 방식으로 풀어내는 사람도 있다. 내 경우는 마음공부를 하면서 알게 된 '마음이 만들어내는 것'에 공감하면서부터 일희일비하지 않는 데 큰 도움이 되었다.

기쁘고 슬프고 하는 것들이 결국 하나의 현상을 내 마음이 어떻게 인식하느냐일 뿐이라고 생각하면 감정들에 대해 반응하는 것이 좀 둔감해짐을 느낄 수 있다. 특히 순간적으로 화가 치밀어 오르는 상황이 되었을 때 이 또한 마음이 지어낸 것이란 것을 동시에 떠오를 정도의 훈련이 된다면 화를 낼 일도 거의 없다.

화가 날 때는 분노 호르몬이 15초간 유지되는데 이 시간만 넘기면 화를 다스릴 수 있다고 한다. 이 15초의 시간 동안 그냥 참는 것이 아니라 '이 상황은 마음이 만들어 낸 것이고 따라서 그것에 속지 마라.' 하는 주문을 한 번 외워보면 훨씬 참을 수 있는 내성이 생긴다. 이건 나만의 방식이긴 하나 리더들은 각자의 방식이 있을 것이다.

성공한 리더들은 인격적으로도 충분히 성숙하고 안정적이기에 일희일비하지 않고 평정심을 유지하는 것으로 생각하는 사람들이 많다. 하지만 그들도 사람이다. 똑같이 희로애락의 감정을 느낀다. 그렇지만 그들은 각자의 방식으로 그 감정을 통제할 수 있었고 그런 성공적인 멘탈 관리가 지금의 자리에 있게 한 것이다.

300 이하 맛세이 금지의 교훈

2017년 한화생명을 포함한 한화 금융회사 다섯 개의 공동브랜드인 '라이프플러스'가 출범했다. 5개사 공동브랜드인 만큼 TV 광고도 하고 온/오프라인 IMC(Integrated Marketing Communication) 활동도 집중적으로

3. 속지 마, 모두 마음이 지어낸 것들이야

진행했다. 나를 포함한 브랜드 담당자들이 가장 크게 했던 고민은 라이프플러스라는 브랜드 에센스를 어떻게 표현할까 하는 것이었다.

당시는 4차 산업혁명이란 말이 슬금슬금 나오기 시작했고 핀테크를 포함하여 금융사에서도 디지털라이제이션의 움직임이 본격적으로 일어나고 있을 즈음이었다. 우리의 가장 큰 고민은 보험사를 포함한 금융업 전반이 매우 보수적이고 그런 이미지가 고객들에게 있어 너무 확고하다는 것이었다. 많은 논의와 고민 끝에 새로운 라이프플러스란 브랜드의 정체성을 탄생시켰다.

그동안의 금융업이 인간 생애인 생로병사 중 노병사에 집중되어 있었다면 이젠 생, 즉 건강히 살아있는 동안의 인생에 플러스를 해주는 역할을 하자는 의미가 바로 라이프플러스 브랜드 정신이었다. 그리고 건강한 삶 쪽에 무게중심을 두기 위해 필연적으로 미래세대이자 금융 소외 계층인 20, 30세대로 타겟마켓을 설정했고 타겟이 결정되고 나서부터 몇 가지 굵직한 프로젝트들을 시작했다.

가장 먼저 63빌딩과 여의도를 활용한 체험형 공간마케팅을 런칭했다. 특히 63빌딩에서 여의도 한강 둔치로 이르는 길은 접근성이 좋을 뿐만 아니라 다양한 오프라인 활동을 펼치기에도 쉬웠다. 우리는 이 공간을 활용해 '봄 여름 가을 겨울' 사계절이 변하는 일상에서 고객들에게 삶의 즐거움을 느끼는 경험을 제공하기로 했다.

4월의 봄엔 여의도 벚꽃 명소를 활용한 벚꽃 피크닉 페스티벌을 개최

했다. 벚꽃이 흩날리는 여의도의 봄에 여러 뮤지션들이 공연을 하고 그 주변을 마치 피크닉 오듯이 고객들이 돗자리를 깔고 즐기게 했다.

한여름의 햇살이 강했던 8월의 여름엔 한강 시네마 위크를 진행했다. 퇴근 후 시원한 강바람을 맞으며 맥주 한잔과 함께 야외에서 영화를 즐기는 소중한 경험을 선사했다.

10월의 가을엔 이미 서울시민 전체의 축제가 된 서울불꽃축제를 진행했다. 10월의 가을 하늘을 수놓는 수만 발의 화려한 불꽃은 이미 서울을 뛰어넘어 전 국민에게 잊을 수 없는 축제의 밤을 선사하고 있었다.

혹독한 강바람이 악명높은 여의도 한강 변에서 겨울 행사를 기획하는 것은 큰 도전이었다. 오랜 고민 끝에 63빌딩 지하상가를 크리스마스 마켓으로 꾸미고 야외주차장을 아이스링크로 만들었다. 뉴욕의 록펠러센터 아이스링크를 벤치마킹해 우리나라에도 초고층 빌딩에 있는 아이스링크를 구현한 것이다.

이처럼 '봄 여름 가을 겨울' 사계절을 활용한 고객 경험 마케팅은 대한민국 모든 기업을 통틀어 여의도와 63빌딩이라는 멋진 베뉴를 가지고 있는 한화 금융사만이 독점적으로 할 수 있는 마케팅이었기 때문에 더 큰 화제를 모았다. 지금도 당시 참여해 주셨던 많은 고객의 행복해하는 모습과 삶이 더 풍요로워짐에 공감하며 응원해 주셨던 모습이 가끔 생각난다.

하지만 일련의 마케팅들이 순탄하게 진행되진 않았다. 금융상품이라는 것이 무형의 재화인지라 고객이 만지고 경험하기 불가능한데 이런 상품들을 서비스하는 회사에서 오프라인의 고객 경험 마케팅을 진행하는 것이 과연 적합한가 하는 주위의 우려가 컸다. 그도 그럴 것이 지금까지 한화금융은 물론이고 국내 다른 어떤 금융회사들에서도 시도되지 않았던 마케팅 방식이었기 때문이다. 우리는 이 같은 우려에 대한 답을 내놓기 위해 오랜 기간 고민했다. 이 방안을 처음 기획했던 초심으로 돌아가 곰곰이 생각해 본 결과 우린 답을 찾을 수 있었고 이 마케팅 안에 확신을 가질 수 있었다. 그것은 바로 우리가 라이프플러스라는 새로운 브랜드를 들고나옴에 있어 앞서 말했듯이 20, 30 미래세대를 대상으로 했기 때문이었다.

당시는 욜로, 소확행, 휘게, 힐링 같은 단어들이 20, 30세대의 주요 관심사였고 특히 SNS를 통해 이런 경험들을 주위 사람들에게 널리 알리는 것이 보편화 되기 시작할 때였다. 따라서 뭔가 특별한 경험을 줄 수 있는 마케팅이 필요한 시점이었고 그런 경험은 오프라인 속에서 가장 강렬하게 빛을 발했다. 이는 우리가 사계절 고객 경험을 핵심 브랜드마케팅 전략으로 세운 이유였다.

목적과 취지의 당위성에 대한 확신은 섰으나 한고비가 더 남았다. '왜 보험회사가 아무도 안 하는 그런 짓을 해?' 남들이 아무도 안 한 일을 하는 것. 그것이 얼마나 날카로운 비수 같은 질문인지 대한민국 직장인들은 모두 알 것이다. 이런 질문에는 논리적인 정답은 있을 수 없다. 남들이 하지 않는 걸 하는 건 고민 끝에 나온 전략을 용기 있게 실행하는 것이지 그 이상의 논리는 필요하지 않다. 우리는 그 질문에 대한 답변은 구체적으로 하지 않았다. 많이 고민하고 많이 준비했으며 아무도 가지 않은 길을 용기 내어 가보겠다고만 답변한 것 같다.

당구장에 가면 흔히 벽에 붙어 있는 '300 이하 맛세이 금지'라는 글을 본 적이 있을 것이다. 위에서 찍어 치기를 의미하는 맛세이는 당구 실력이 부족한 이가 자칫 실수할 경우 당구대 천이 찢어질 위험이 있기에 당구장 주인들이 상투적으로 벽에 그 글귀를 붙여 놓는다.

보통 당구 수 300 이상을 고수라고 부르는데, 내 주위 고수 친구들을 보면, 당구 수 150 정도일 때부터 공이 어쩔 수 없는 위치에 놓일 때 맛세이를 시도했던 것 같다. 그리고 그 친구들의 당구수는 오래지 않아 300을 금방 돌파했다. 반면 당구를 좋아하지 않아 아직 당구수 100 정도에 머무는 나는 맛세이를 한 경험이 없다. 300 이하 금지라는 문구를 철저히 지킨 게 먼저인지 아니면 그냥 실력이 안 되니 지레 포기한 것이 먼저인지는 모르겠으나 하여튼 한 번도 맛세이를 시도한 적이 없다.

그런데 지나고 보니 300 이하 맛세이 금지는 당구장 주인의 가이드라인일 뿐 당구 규칙도 아니고 민법에 저촉되는 사항도 아니었다. 오히려 그런 가이드라인을 넘어 과감히 시도해보고 실패해 보고 했던 사람들이 결국 티핑포인트를 넘어 당구 고수의 길로 가게 되었다. 지레 겁먹고 시도도 안 하는 사람들은 다른 당구기술에서도 마찬가지다. 좀 어렵지만 그래도 도전하는 것이 다음 차례에서 공의 위치를 잡기 좋은데, 도전하지 않는 사람들은 눈앞의 1점 만을 위해 안전하게 치고 그걸로 끝나버린다. 그러니 실력이 늘 수 없다.

세상일도 마찬가지가 아닐까? 누가 안 된다고 해서, 아무도 안 해봤다고 해서 도전하지 않는다면 결국 성장하지 못하고 그 자리에 정체될 수밖에 없다. 그런데도 용기 있게 도전하고 남들이 가지 않은 길을 가는 것, 그것이 바로 성장하는 사람들의 삶이다.

"그런데 왜 보험회사가 아무도 안 하는 그런 짓을 해?" 어쩌면 이 말은 내게 있어 300 이하 맛세이 금지라는 말과 같았다. 당구를 배울 때는 하지 말라고 해서 하지 않았지만, 라이프플러스 마케팅을 할 때는 달랐다. 회사 일을 하던 개인적인 삶이 되던 도전하는 것만이 성장으로 이끄는 유일한 길이란 것을 알고 있었기 때문이다. 도전하지 못하는 것은 스스로 '아마 안 될 거야.'라고 속삭이는 마음의 합리화다. 그것 역시 마음이 지어낸 것이란 얘기다.

마음은 사람들의 약한 구석을 파고들기 때문에 늘 안 된다고 얘기하고 무리한다고 얘기하며 안전하게 하라고 얘기한다. 물론, 아무것도 하지 않는 것이 가장 안전한 길이기는 하다. 지금 당장은….

하지만 300 이하 맛세이 금지를 엄격히 따른다고 해서 당구 실력이 늘지 않음은 물론 오히려 퇴보하듯, 지금 당장 안전하다고 아무것도 하지 않으면 결국엔 성장하지 못하고 퇴보하게 된다. 그러니 도전의 기회가 생긴다면 깊이 고민은 하되 판단이 섰으면 도전하길 추천한다. 그 안에서 마음은 숱한 반대와 회유와 안 되는 이유를 계속 말할 것이다. 하지만 그 모든 것은 마음이 지어낸 것이란 걸 깨닫고 용기 있게 도전해 본다면 머지않은 미래에 당구수 300을 넘어가듯 훌쩍 성장한 자신을 발견할 수 있을 것이다.

일체유심조를 이렇게 이해하자

원효대사의 해골바가지 물의 일화로 잘 알려진 일체유심조(一切唯心造)는 크게 두 가지 의미로 받아들여진다. 그중 하나는 '세상 모든 일은 마음먹기에 달렸다.'이고 다른 하나는 '세상 모든 일은 마음이 지어내는 것이다.'이다. 이 두 가지 의미는 같은 듯하지만 보는 관점에 따라선 다른 의미로 해석될 수 있다.

먼저 초등학교 교양 도서에서부터 시작하여 가장 널리 알려진 〈세상 모든 일은 마음먹기에 달렸다〉의 경우 현재 상황이나 미래의 목표에 대한 마음가짐이나 태도, 도전의식 등을 포함하는 의미가 있다. 현재 상황이 아무리 녹록지 않더라도 어려움을 이겨내고 목표한 바를 꼭 이루겠다는 마음가짐을 갖는다면 반드시 이루어질 수 있다는 희망의 메시지를 담고 있다.

얼마 전 유행했던 한 프로게이머의 '중요한 것은 꺾이지 않는 마음'이라는 말도 '목표를 이루겠다는 마음이 꺾이지 않는다면 그것을 달성할 수 있다.'라는 의미로 해석된다. 초등학생 시절부터 원효대사의 일체유심조 일화가 널리 알려진 걸 보면 '마음먹기에 달렸다.'라는 해석은 아무래도 좀 더 젊은 층을 대상으로 실천력, 도전 의지, 목표 지향성 등을 강조할 때 주로 인용되는 것 같다.

한편 '세상 모든 일은 마음이 지어내는 것이다.'란 해석은 한자의 직역에 가까운 번역이지만 오히려 그 의미가 마음공부를 하는 사람들에게 있어선 더 큰 울림을 준다. 마음이 지어낸다는 말의 근저에는 '지금 마음이 말하고 있는 것이 진실이 아닐 수 있으며 거짓으로 만들어 낸 것일 수 있다.'란 의미를 담고 있기 때문이다. 내가 지금 현재 겪고 있는 불안, 근심, 공포, 적개심과 같은 부정적인 감정이 실제 존재하는 것이 아니라 내 마음이 가짜로 만들어 낸 허상이란 것을 깨닫는 순간 인간은 더없이 평온해질 수 있다.

우리는 살아가면서 여러 상황과 현실에 마주하게 되는데 그것은 우리의 계획에 의해서도 아니고 미리 정해진 시나리오에 의해서도 아니다. 어찌하다 보니 그냥 그렇게 되어 버린 것이다. 문제는 우리의 마음이 그 벌어진 일에 대해 이름표를 붙여 이것은 좋은 것, 저것은 나쁜 것이라고 구별을 해 버리는 것이다. 그냥 벌어진 일을 있는 그대로 받아들이지 못하고 선과 악 같은 이름표를 붙이다 보니 인간사의 모든 걱정과 불안이 시작하게 된다. 그러므로 걱정 불안의 원천이 '참된 나'인 진짜 내가 아니라 가짜 나, 즉 에고가 만들어낸 허상이었다는 것을 깨달아야 한다. 그리고 그 깨달음이 순간적인 찰나의 경험으로 지나가는 것이 아니라 내 일상생활에 녹아들어 부정적 감정이 무의식적으로 올라올 때마다 그것을 조절할 수 있어야 한다. 그럴 수 있다면 현대인들이 겪고 있는 마음건강과 관련된 많은 문제가 해소될 수 있을 것이다.

희로애락, 선악미추, 길흉화복과 같은 인간의 상황과 판단들 역시 이는 객관적인 사실이 아니라 내 마음이 지어낸 실재하지 않는 것이란 걸 알아차린다면 세상을 대하는 방식 자체가 달라질 수 있을 것이다.

문제적 인간 톨스토이

일체유심조가 '마음먹기에 달렸다' 또는 '마음이 지어낸다'라는 형태 외에 '어느 날 갑자기 마음이 완전히 바뀌어 버리는 경우'도 있다. 그 가장 드라마틱한 사례는 회심(回心)으로도 알려진 러시아의 세계적 대문호인 레프 톨스토이의 일생일 것이다.

〈전쟁과 평화〉, 〈안나 카레리나〉, 〈부활〉과 같은 장편은 물론 〈사람은 무엇으로 사는가〉, 〈이반 일리치의 죽음〉 같은 중단편으로도 유명한 톨스토이는 말년에 농노의 삶으로 돌아간 성인과 같은 모습이 있는 반면, 성을 탐닉하고 도박에 빠지는 등 말초적 쾌락을 추구했던 젊은 시절의 극렬한 대비로 인해 모순적 인간으로도 평가받는 인물이다. 톨스토이의 '회심'으로도 알려진 이 대단한 반전은 그의 나이 50대 초반에 찾아왔다.

톨스토이는 러시아의 귀족 가문 출신으로 어린 나이에 부모와 사별하긴 했으나 엄청난 유산을 상속받은 탓에 부유한 젊은 시절을 보냈다. 14세에 여성과의 첫 성 경험을 한 톨스토이는 이후 수많은 여성 편력으로 유명했으며, 동시에 도박에도 빠져 엄청난 도박 빚에 허덕이는 경험도 했다. 하지만 타고난 문필가였기에 〈전쟁과 평화〉, 〈안나 카레리나〉를 발표하며 작가로서의 세계적인 명성도 동시에 얻을 수 있었다.

그러나 〈안나 카레리나〉의 성공 이후 그는 갑자기 인생의 의미와 목표에 대해 큰 의문이 생기며 인간 일생의 최종 종착지인 '죽음'에 대해 깊은 고민을 하기 시작했다. 이후 예술에 대해서도 회의를 느껴 그의 전작들에 대해서도 부끄럽다고 고백하는 한편 비폭력, 무정부, 사유재산 포기, 채식주의 등 가지고 있던 기득권의 삶을 다 내려놓았다. 그리고 농부들의 삶을 동경한 나머지 직접 거름통을 들고 농장으로 들어가 농부의 삶을 살기 시작했다.

그는 창작 활동을 다시 시작하기 위해 러시아 민담이나 설화에 대한 조사를 진행했으며 불교나 힌두교 같은 동양사상에 관해서도 공부했다.

그리하여 후기 작품은 〈바보 이반〉, 〈사람은 무엇으로 사는가〉, 〈세 죽음〉, 〈이반 일리치의 죽음〉 같은 교훈을 주는 동화 형식이거나 죽음을 다루는 중단편을 많이 저술하게 되었다.

혹자는 예수에 버금가는 성인으로 칭송하기도 하고 반면 위선자이자 모순덩어리 인간으로 평가하기도 하는데, 이런 상황에 이른 그의 인생은 결국 50대 초반에 찾아온 '회심'의 결과였다. 오죽하면 '마음이 돌아섰다.'라는 표현을 쓸 정도로 전혀 다른 인생을 살았던 톨스토이의 그 마음은 과연 무엇 때문이었을까? 아마 젊은 시절에 하고 싶은 것은 다 하고 살았던 절제되지 못한 삶과 그런데도 작가로서 엄청난 성공을 이루었던 삶이 극한에 이르자 더는 가야 할 곳을 잃어버린 까닭이 아닐까 하는 생각이 든다.

부유한 가정에서 태어나 젊은 시절 남들이 경험하지 못할 정도의 쾌락을 맛보게 되면 자신이 인생을 통제할 수 있다는 자신감이 생긴다. 톨스토이는 거기에서 한발 더 나아가 작가로서도 최고의 명성까지 얻게 되었으니 세상살이가 만만해 보이고 모든 것이 자기 뜻대로 될 것이란 망상에 빠지기도 했을 것이다. 하지만 모든 것을 이룬 것 같았던 톨스토이는 50대가 되어 극심한 허탈감에 빠졌다. 젊은 시절의 방탕함을 후회하는 마음도 있었겠지만, 무엇보다 이제 더 하고 싶거나 이룰 것이 없다고 느꼈을 때의 허탈감이 가장 컸을 것이다.

올림픽 금메달을 평생의 목표로 삼고 운동했던 선수가 금메달을 따고

난 후 오랜 슬럼프에 빠진다던가, 가요 순위 1위를 하기 위해 무명생활을 견디고 결국 그 목표를 달성한 가수가 목표달성 이후 극심한 허탈감과 더 나아가 공황장애를 겪기도 한다는 사실과도 유사한 형태라 할 수 있다. 이는 세속적 성공이 우리를 행복하게 하는 것뿐만 아니라 오히려 상실감 같은 나쁜 작용을 일으킬 수도 있다는 걸 말해준다.

　이처럼 인간은 마음먹기에 따라 힘든 일도 해낼 수 있고 마음이 지어내는 것에 현혹되어 불안감을 느끼기도 하지만 마음이 완전히 바뀌어 버리면 이전과는 전혀 다른 삶을 살 수 있기도 하다. 톨스토이의 인생은 필부 필녀의 삶이나 대중적으로 환호받는 영웅의 삶도 결국 한낱 마음의 작용에 따라 좌우될 수밖에 없다는 것을 여실히 보여주고 있다.

아들 하나 딸 둘의 조언

　직장생활을 하던 중 일체유심조의 경험을 강렬히 한 적이 있다. 내가 엠넷미디어 팀장으로 근무하고 있을 때인 2009년의 일이다. 당시 본부장이 타사로 이직하는 바람에 10개월 정도 본부장 공석 상황이 발생했는데, 나를 포함하여 2, 3명 정도가 본부장 승진 후보였다. 하지만 회사는 외부충원을 최종결정했고 나랑 동갑인 본부장이 외부에서 부임하게 되었다.

본부장은 자기사업을 하다 온 사람이어서 대기업의 의사결정 방식과는 사뭇 다른 리더십을 보여줬으며 그로 인해 팀장들과의 관계가 원활하지 못했다. 특히 선임팀장이었던 나와의 관계가 좀 더 애매했다.

그러던 어느 날 본부장은 자신의 고향 후배 한 명을 경력사원으로 채용했고 그를 나의 팀 차장으로 배치하였다. 팀장인 내가 인터뷰도 하지 못하고 발령난 상태라 나로선 그 상황이 유쾌할 리 만무했고 어쩌면 나의 후임으로 생각하고 이 팀에 보낸 것일 수 있겠다는 생각마저 들었다. 그래서 그 차장의 존재가 달갑지 않았고 그의 업무적인 역량보다 주어진 상황의 애매함에 더 마음을 쓴 것 같다. 그때 모바일사업 업무를 그 차장에게 부여했는데, 업무 위임(Empowerment)이란 명분으로 그 사업과 관련한 일엔 업무개입을 최소화했다. 그러다 보니 차장과 개인적인 교류는 물론 업무적인 보고절차도 꼭 필요한 것 외엔 하지 않은 채 한동안 시간을 보냈다.

몇 개월이 지난 후 모바일 업무의 클레임 해소를 위해 그 차장과 북경 출장을 가게 되었다. 2박 3일간의 출장 중 몇 번의 식사자리를 같이했으며, 클라이언트와의 식사 후 호텔 방 안에서 둘이 맥주 한 잔을 더 하기도 했다. 아직 인간적으로 친한 사이가 아니었을 때였지만 차장은 둘만의 술자리에서 의외로 팀원들의 애로사항 및 건의사항을 몇 가지 내게 얘기하기 시작했다. 처음엔 입사한 지 얼마 되지도 않았고 나와 인간적인 친밀감도 높지 않은 이 친구가 왜 이런 얘길 하나 하는 생각도 들었다. 하지만 달리 생각해 보면 나랑 오래 호흡을 맞춘 친구들은 공채사원 위주라서 오히려 이런 얘길 꺼내기 어려웠겠구나 하는 생각이 들었다. 그러다 보니 점점 진지하게 경청하게 되었다.

먼저 그는 회사에서 전략적 중요도가 높은 업무를 하는 친구들에겐 내가 많은 업무시간을 할애하는 데 반해 중요도가 낮은 업무에 배치된 친구들과의 접촉빈도가 높지 않으니 앞으론 그들에게 신경을 좀 더 써주었으면 좋겠다고 했다. 그들 대부분은 차장과 같은 모바일 업무를 하는 친구들이었다. 그러면서 중요 프로젝트를 진행하고 있는 남자 과장 한 명과 여자 대리 두 명을 내가 특별히 아낀다는 것을 팀원들이 다 알고 있으며 그들을 '아들 하나 딸 둘'이라고 팀원들이 부르고 있다는 폭탄 발언까지 했다.

물론 어느 정도는 술기운에 한 얘기이긴 하나, 그 말에 머리를 한 방 맞은 것 같은 충격을 받았다. '아들 하나 딸 둘이라니!!' 하지만 조금만 더 생각해 보니 그 충격은 팀원들이 당연히 그럴 수 있었겠다는 공감과 함께 그동안의 내 불찰에 대한 말할 수 없는 후회와 부끄러움으로 다가왔다. 모든 팀원은 나를 팀장으로 바라보고 있었을 텐데 내가 특정 소수에게만 관심을 주었고 오죽하면 '아들 하나 딸 둘'이라는 얘기까지 했을까 하는 생각이 들어 팀원 모두에게 미안하고 그런 내 행동이 너무 창피하게 느껴졌다.

북경 출장에서 귀국 한 바로 다음 날부터 팀원들을 대하는 방식을 완전히 바꾸었다. 회사 KPI에 따른 업무 중요도와는 별개로 모든 업무에 내 시간과 관심을 균등히 배분하려고 노력했다. 그동안 따로 식사나 저녁 자리가 많지 않았던 모바일 파트와의 스킨십도 강화했다. 클라이언트를 상대해야 하는 그들만의 업무 특수성과 애로사항에 관해 더 잘 듣고 해결해주기 위해 애썼다. 그리고 그동안 신경을 많이 못 쓴 것에 대해 모바일 부서원들에게 사과했다.

당시는 스마트폰이 나오기 직전인 피처폰 마지막 시대였는데 컬러링, 벨소리, 노래방 같은 모바일 부서의 사업들이 성장성은 점점 꺾이는 추세였지만 그래도 팀 매출의 캐시카우 역할은 하고 있었다. 당연하고 익숙한 업무지만 그 중요성이 절대 작지 않은 일이 모바일 파트 업무임을 그들에게 재차 강조하고 스스로 더 노력하겠다는 다짐을 모두에게 했다.

물론 그 차장을 대하는 나의 태도 역시 완전히 바뀌었다. 나를 견제하기 위해 그 자리에 왔고 내 후임이 될 수도 있겠다는 경계심은 지나고 보니 내 마음이 지어낸 환상이었다. 차장은 모바일 업무를 경험하고 싶어 우리 회사에 지원한 것이었고, 특히 본부장이 본부에서 가장 배울만한 팀장은 나라고 얘기하며 우리 팀에 발령 내었다는 얘길 들었을 땐, 나의 옹졸함에 대해 크게 반성하게 되었다. 경력관리를 위해 차장이 우리 회사로 이직한 것은 하나의 현상에 불과했으나 내 마음이 그런 말도 안 되는 상황을 만들어낸 것이었다.

마음이 지어낸 허상이 걷히자 차장의 진면목이 보이기 시작했다. 그

3. 속지 마, 모두 마음이 지어낸 것들이야

는 모바일 업무의 전문성이 있는 건 아니었으나 대기업 종합상사 출신이라 비즈니스 전반에 대한 이해도와 경험치가 높았고 이는 곧 좋은 성과로 귀결되었다. 아들 하나 딸 둘과도 차장은 친하게 지내며 자신의 업무 노하우를 전수해 주기도 했다.

과거 우리는 한 팀이었지만 나의 어리석음으로 인해 어쩌면 진정한 한 팀이 되지 못했었다. 하지만 그런 일이 있은 후, 이젠 한 팀이 된 것 같다는 생각을 나를 포함한 모든 팀원이 가지게 되었다. 이후 나는 차장과 여러 가지 사업을 같이 진행했으며 그와 일했던 기간이 길지 않았지만, 그 누구보다 더 좋은 호흡을 맞추었던 동료로 기억한다. 그는 이후 외국계 한국 지사장을 거쳐 지금은 자율주행 스타트업 창업자이자 대표이사로 활약하고 있으며 10여 년이 지난 지금까지 나의 좋은 술친구로 남아 있다. 마음이 지어낸 환상을 없애자 얼마나 행복한 시간이 열리는지를 보여주는 좋은 사례였다는 생각이 지금도 들곤 한다.

중의적 단어의 벽을 넘자

우리가 마음공부나 명상과 관련된 책을 읽으며 가장 먼저 마주치게 되는 벽 중 하나는 바로 '생각, 마음, 감정, 의식, 무의식'과 같은 용어들이다. 이런 용어들이 책이나 강의에서 반복되어 나오는데 이 단어들은 비슷한 의미로 중의적 해석이 가능한 유사성을 띠고 있으면서 때때로 다른 의미로도 쓰이고 있다. 그러다 보니 명상서적의 한 페이지를 다 읽었는데도 지나고 보면 도통 무슨 말인지 이해가 되지 않을 때가 많다. 따라서 마음공부를 이제 입문한 수준인 직장인들의 눈높이를 고려한다면 이 단어들에 대한 간략한 정의나 구분을 한번 하고 가는 것도 좋을 듯하다.

대부분 명상서적에서 '생각'과 '마음'은 50% 이상은 같은 의미로 언급된다. 마음이 어지럽다거나 생각이 불안하다는 것과 같은 상황에서 쓰이는 경우다. 이 두 단어가 다른 의미로 쓰이는 때는 같은 상황이지만 생각은 '뇌의 영역'에서 마음은 '심장의 영역'에서 언급되는 경우이다. 직장인이 출근 이후 아침에 있었던 아내와의 다툼 때문에 섭섭하고 화가 나는 '마음'이 올라오지만, 오늘까지가 마감인 기획서 완성을 위해 올해 매출 부진에 대한 논리적 근거를 '생각'해야 하는 상황을 묘사하려면 '마음'과 '생각'을 분리해서 설명할 수밖에 없다. 이처럼 마음은 한자인 心과 영어인 heart가 모두 심장을 가리키는 것처럼 심박수의 변동이 있을 정도의 감정변화가 생기는 것이고, '생각'은 논리와 사고의 영역에서 뇌의 활동을 기반으로 이루어지는 것으로 구분해 둔다면 명상서적을 처음 접했을 때 유사단어의 반복에서 나오는 이해의 어려움은 극복할 수 있을 것이다.

'감정'은 '마음'이란 단어와 유사성을 띠고 있는데 마음이 지어내는 것의 결과물로 생각하면 좋을 듯하다. '그때 그 친구가 내게 왜 그랬을까?'

3. 속지 마, 모두 마음이 지어낸 것들이야

'1년 전에 집을 사야 했는데!' '내일 시험을 망치면 어떡하지?' 같은 무의식적으로 올라오는 생각들이 마음이고, 그 마음의 결과물로 불안, 후회, 걱정, 분노 같은 기분이 들게 하는 것이 '감정'이다. 이런 감정들은 모든 사람에게 동일하게 발생하는데, 문제는 어떤 사람들의 경우는 이런 감정들이 일상의 많은 부분을 차지하면 그의 삶 자체는 불행할 수밖에 없고 결국 인간의 행동에까지 악영향을 미치게 된다는 것이다.

이처럼 '생각, 마음, 감정, 행동, 삶'은 한 덩어리로 묶여서 마음공부와 관련된 책이나 강의에 계속 반복해서 나오는데 이는 우리가 눈치채기 어려울 정도로 유기적으로 연결되어 있다. 게다가 인간 내면에 관한 얘기를 하는 것이다 보니 그 표현이 추상적이거나 선문답같기도 하다. 그렇기에 마음공부를 설명하기 위해선 이 유기적인 관계를 마치 체조에서의 '구분동작'처럼 끊어서 표현할 수밖에 없는데 여기서 아직 익숙하지 않은 초행자들은 많은 어려움을 느끼고 있다.

단어의 개념이나 표현방식에 적응되지 않은 상태에서 어느 책에선 '생각'과 '마음'을 구분하여 얘기하고 어느 강의에선 그 둘을 같은 개념으로 설명할 때도 있기 때문이다. 하지만 이는 수행자들에겐 언젠가 넘어야 할 산이다. 우리가 외국어를 공부할 때도 처음엔 단어의 뜻 위주로 암기하고 해석하지만, 어느 정도 능숙해지기 시작하면 문장의 '뉘앙스'를 아는 것이 가장 어려운 것이란 걸 알게 되는 것과도 유사하다. 마찬가지로 마음공부에 쓰이는 용어들에 대한 이해에도 꾸준히 반복하는 것이 가장 좋은 해

결책이다. 단어들의 유사성과 쓰임새를 책과 강의를 통해 계속해서 접하다 보면 그 구분 동작에도 익숙해져서 어느 순간 마음공부를 하는 데 훨씬 수월함을 느끼게 될 것이다.

뇌졸중을 경험하고 깨달음을 얻다

생각, 마음, 감정, 지금 이 순간 등 마음공부에서 주로 거론되는 주제를 뇌과학적으로 설명한 사례가 있다. 하버드대 신경해부학 교수인 질 볼트 테일러(Jill Bolte Taylor)는 'My Stroke of Insight'(나의 뇌졸중을 통해 알게 된 것들)라는 제목의 TED 강연으로 큰 화제를 모았다. 그녀는 37세였을 때 심각한 뇌졸중을 경험했다. 이 뇌졸중으로 인해 좌뇌의 혈관이 터져 엄청난 뇌출혈이 발생했다. 그 심각한 상황에서도 테일러 박사는 뇌과학자로서의 전문성을 발휘하여 뇌졸중 당시 과정을 있는 그대로 관찰하기 시작했다. 뇌졸중 초기에 분석 및 언어기능을 담당하는 좌뇌는 점차 그 기능을 잃어 갔는데 시간이 흐를수록 말을 정확히 하거나 논리적인 판단을 할 수 없는 지경에 까지 이르게 되었다.

그런데 좌뇌의 기능이 상실되자 신기하게도 그녀는 더없이 심오한 평화와 행복감에 깊이 빠져들게 되었다. 이는 좌뇌가 언어기능을 담당하기

3. 속지 마, 모두 마음이 지어낸 것들이야

에 끊임없이 불안한 마음을 일으키며 재잘대던 역할을 하고 있었는데 이런 현상이 없어졌기 때문이었다. 좌뇌의 기능이 상실되자 심지어 자신이 누군가 하는 정체성마저도 희미해졌다. 이는 가짜 나를 만들고 있는 에고의 정체성이 사라졌다는 것이기도 하다. 이어서 의식이 모든 것을 다 아는 전지의 수준으로 도약하며 마치 나와 우주가 '하나가 된 듯'한 기분까지 들었다. 결국엔 자신의 몸이 어디서부터 시작해 어디서 끝나는지 경계를 명확하게 구분할 수 없는 느낌과 함께 그녀를 끝없이 평온한 상태로 이끌었다.

이 상태는 보통 깨달음을 얻었다고 느끼는 사람들의 황홀감과도 비슷하고 때로는 죽음의 상태를 경험한 임사체험과도 유사했다. 마치 세상과 내가 하나가 된 것 같은 기분이라고도 할 수 있을 것이다. 비록 뇌졸중으로 언어와 신체기능은 저하되었지만, 아이러니하게도 영적으로는 더없이 평온하고 충만한 상태가 된 것이다. 이러다 보니 테일러 박사는 재활을 통해 다시 원래의 상태로 돌아가냐 하는 고민에 빠지기도 했다. 현재가 이렇게 영적으로 행복하고 평화로운데 이곳에서 나와 다시 고통스러운 일상으로 돌아가는 것에 대한 두려움이 들었다.

하지만 그녀는 결국 사랑하는 가족들을 위해 다시 현실 세계로 돌아오기로 결심했다. 어찌 보면 그것이 그녀에게 주어진 소명이었을 수도 있다. 젊은 나이에 뇌졸중을 경험하기도 쉽지 않은데 테일러 박사는 뇌과학자이기도 했으니 그런 소중한 경험을 세상과 교류하기엔 최적의 인물이었다. 결국, 힘든 재활과정을 시작했고 몸이 거의 완쾌된 이후엔 자신이 뇌과학자로서 발견한 깨달음을 다른 모든 이들과 나누고 있다.

테일러 박사는 뇌과학자로서 당시의 경험을 좌뇌와 우뇌의 역할을 통해 설명한다. 먼저 좌뇌는 우리가 외부세계에서 소통할 때 사용하는 도구라는 것이다. 분석적이고 논리적인 기능을 발휘하여 내가 누구라는 정체성을 부여하는 역할을 담당한다. 나의 정체성을 만드는 과정에서 마음이 지어낸 가짜 나인 에고를 만들기도 한다. 좌뇌는 또 이야기를 만들어내는 역할을 한다. 특히 여러 정보를 종합하여 이야기를 만들어내는데, 이 정보들 사이에 틈이 있다면 좌뇌가 스스로 창작하여 이야기를 만들기도 한다. 이는 마치 챗 GPT가 요청한 질문에 서술형으로 정보들을 쏟아내지만 부정확한 정보라 하더라도 천연덕스럽게 진짜인 것처럼 설명해주는 것과도 유사한 현상이다. 좌뇌는 이런 만들어 낸 거짓 이야기를 계속해서 반복한다. 이 반복을 제대로 제어하지 못한다면 많은 이들은 마음의 고통을 안고 살아갈 수밖에 없다.

이에 반해 우뇌는 창의성, 직관, 상호 연결성과 관련이 있다. 특히 '현재' 순간의 경험에서 우뇌의 역할이 매우 중요하다. 뇌졸중으로 좌뇌의 끊임없는 재잘거림이 사라졌을 때 테일러 박사는 우뇌의 힘만으로 개인의 경계를 초월하여 주변 세계와 깊이 연결되어 있다고 느낄 수 있었다. 마음이 만들어내는 과거, 미래라는 시간을 느끼는 좌뇌의 역할이 사라지자 온전히 우뇌만으로 지금 이 순간, 현재의 경험을 더 강력히 느낄 수 있

3. 속지 마, 모두 마음이 지어낸 것들이야

었다.

좌뇌와 우뇌는 각각의 역할이 있기에 우리는 이를 균형 있게 사용해야 한다. 어느 것이 좋고 어느 것이 나쁘다고 판단할 수 있는 문제는 아니다. 하지만 뇌졸중을 통해 깨달음을 경험한 테일러 박사의 메시지를 요약한다면 '좌뇌의 지나친 지배에서 벗어나야 한다.'라는 말을 할 수 있다.

테일러 박사는 8년간의 재활을 통해 좌뇌의 기능을 대부분 회복했다. 좌뇌의 회복과 동시에 그녀는 재활 이전에 걱정했던 것처럼 그녀의 마음이 다시 불안한 상태를 만들어내기 시작했음을 느꼈다. 하지만 테일러 박사는 재활과정을 통해 뇌 기능만 회복한 것이 아니었다. 그녀는 이런 부정적 감정을 좌뇌가 만들어내는 허구라는 것을 재활과정에서 깨닫고 이를 스스로 제어해 나갔다. 허구임을 알아차리는 순간 더는 좌뇌의 재잘거림에 끌려가는 삶을 살지 않게 된 것이다. 이처럼 테일러 박사의 경험은 인간 내면, 심리 또는 영적인 영역에 국한된다고 생각했던 마음공부가 뇌과학적으로도 긴밀히 연결되어 있음을 보여주는 소중한 사례이다.

나를 고통으로 몰아넣는 남과의 비교

─────

29년의 직장생활 동안 두 번의 이직을 했다. 첫 번째 이직은 MBA 졸업 후 직장을 구한 것이라 당연히 해야 하는 상황이었고, 두 번째 이직은 경력사원으로서 자발적 이직이었다. 이직하는 이유는 여러 가지가 있겠으나 보통 경력개발과 연봉상승 이 두 가지가 가장 핵심이다. 내 경우 두 번의 이직 모두 대박까지는 아니었어도 비교적 만족스러운 처우를 받고 입사했다. 공교롭게도 이직한 두 회사 모두 새로운 조직을 만들거나 신사업을 하기 위해 경력사원을 상당수 채용 중인 상태라 입사하고 보니 나와 같은 경력사원이 꽤 많았다.

그런데 입사 후 경력사원들의 전 직장과 현재 직책, 직급 등이 파악되면서 의문이 들기 시작했다. 그것은 바로 나와 비슷한 연차의 사람이 나보다 높은 직급을 받거나 나보다 낮은 연차인데도 나와 비슷한 직급을 받은 사람이 꽤 있었기 때문이었다. 그리고 그들 대부분은 컨설팅회사 출신들이었다. 두 번의 이직 모두 대기업 계열사에서 이직한 경우라 앞서 밝혔듯 이직에 대한 연봉과 직급의 처우는 만족스러웠는데, 막상 이직하고 보니 나보다 훨씬 좋은 대우를 받고 입사한 사람들이 있어서 당혹스럽기 시작했다.

이 당혹스러움은 시간이 지나면서 내가 처우 협의를 뭔가 잘못한 것이 아닌가 하는 후회로 바뀌었고 한편으론 나보다 좋은 조건으로 입사한 컨설팅회사 출신들이 매우 부럽기도 했다. 경력직으로 입사해 본 사람들은 알겠지만 입사 이후 이런 생각이 들기 시작하면 이직에 따른 동기부여가 쉽게 떨어진다. 보통 직장인이 새로운 회사로 이직하게 되면 장사에서 개업 빨 같은 초기 탄력성이 존재하는데, 내가 입사협상을 잘못하고 왔구나 하는 생각이 들기 시작하면 입사 초기의 으샤으샤 하는 추진력은 급격히 떨어진다. 내 경우도 그랬다. 한번 다른 사람과의 비교를 시작하게 되자 잘해보고자 하는 의욕은 매우 시들해졌다.

그러던 어느 날, 전 직장 선배와의 저녁 자리를 가지게 되었다. 그 선배는 내가 이직할 때 레퍼런스 체크도 해준 사람이었기에 이직 이후의 직장생활을 많이 궁금해하기도 했고 응원하기도 했다. 그 자리에서 '이직한 회사는 너무 좋고 마음에 들지만 사실 이런 문제 때문에 요즘 힘이 안 난다'라고 솔직히 이야기했다. 그 선배 역시 이직의 경험이 있는 사람이라 내 상황에 대해 공감하며 자기도 그런 적이 있었다고 했다. 그리고 자신은 이런 상황을 어떻게 극복했는지 얘기해주었다.

직장인들이 이직하면서 새롭게 받는 연봉, 직급 같은 처우는 그 사람이 한 명의 전문가로서 지금까지 지나온 경력의 총합이다. 그것은 산술적인 연차와는 별개의 것으로 얼마나 부가가치가 높은 경험을 가졌는가를 새로 입사하는 회사에서 평가하여 반영해 준다. 그러므로 자신의 경력을 개발하고 관리하는 것에만 집중해야지 그것을 남의 경력과 비교하는 것은 터무니없는 짓이다. 개인별 경력들은 너무 상대적인 것이라 서로 비교할 수가 없다. 마치 몸무게를 측정하는데 키가 몇 센티냐를 가지고 비교하는 것과도 유사하다.

선배의 이야기를 듣고 지금까지 남들과 비교하며 부러워하고 나를 원망했던 일들을 후회할 수밖에 없었다. 선배의 이야기는 모두 맞는 말이었다. 난 그저 내가 일했던 인더스트리에서 비교적 만족스러운 연봉과 직급을 받고 있었고 이번 이직을 통해서도 더 나은 처우를 받은 것이 현상의 전부인 것이다. 다른 경력사원들도 그들의 인더스트리에서 합당한 연봉과 직급을 받고 있었으며 그 기준을 바탕으로 이직한 것이었다. 하나도 이상한 일이 아닌 것을 내가 상대방과 비교하기 시작하자 내 마음이 부러움, 우울함 등을 만들어 냈던 것이다. 한 명의 개인이 살아가면서 가장 안 좋은 결과를 만들어내는 행동의 으뜸이 바로 남과의 비교다.

우리는 A4 용지에 임의로 선을 하나 그은 다음, 이것이 긴 것인지 짧은 것인지를 물어보면 아무도 답을 하지 못한다. 그것은 그냥 하나의 선일 뿐이지 긴 것도 아니고 짧은 것도 아니기 때문이다. 누군가 그 선 옆에 다른 선을 하나 긋는다면 두 선 간의 비교가 가능해져 비로소 길고 짧음의 구분이 생긴다.

우리 마음도 마찬가지다. 그냥 하나의 현상만 존재하는 것일 뿐인데, 그 현상에 남과의 비교를 시작하는 순간 수많은 마음의 고통도 시작된다. 남과 비교하지 않으면 그런 고통은 애초에 생겨나지 않는다. 비교하면 많은 경우 부러움이란 감정을 동반하게 된다. 부러우면 지는 것이란 말처럼 부러움이 나타나는 순간 마음은 부작용을 일으킨다.

나는 만족스러운 처우를 받고 이직했지만, 옆 동료와 비교하는 순간 그 만족은 부러움으로 바뀌고 그 부러움은 우울함으로 바뀐다. 비교하지

3. 속지 마, 모두 마음이 지어낸 것들이야

않았으면 행복했을 삶이 비교로 인해 우울한 삶으로 바뀐 것이다.

그렇다면 현상은? 아무것도 바뀐 것이 없다. 내가 일했던 곳에서 열심히 일해왔고 그래서 이직을 했던 것이고 옆의 동료도 마찬가지였다. 그냥 두 사람은 각기 다르지만 평탄한 삶이었다. 서로 비교하고 부러움이란 감정을 만들지만 않았으면 아무 일도 일어나지 않았다. 혹자는 말한다. "비교하며 부러운 마음이 드는 것은 인지상정인데 그것을 어떻게 하지 않을 수 있냐?"라고…. 그래서 연습이 필요하다. 우리가 에고의 재잘거림을 알아차리고 지켜보는 것처럼 부러운 마음이 드는 것도 다 마음이 지어낸 것이란 걸 빨리 알아차리고 그 부러워하는 마음을 멈춰보는 연습을 해야 한다.

앞서 선배의 말을 들은 후 나는 부러워하지 않으려는 생각을 계속했고 그 노력은 상당히 효과가 있었다. 부러워하는 마음이 완전히 사라지지는 않았지만 가끔 들더라도 '비교하지 말자, 부러워하지 말자, 그거 다 마음이 지어낸 거야.'라는 다짐을 스스로 했다. 그리고 그런 과정이 한두 달 정도 지나다 보니 신기하게도 현실을 인정하게 되었고 동료를 부러워하는 마음도 거의 사라졌다. 혹시 여러분도 누군가를 부러워하는 마음이 계속 가시지 않는다면 장기하의 노래 〈난 부럽지가 않어〉를 들어보는 걸 추천한다.

'야, 너네 자랑하고 싶은 거 있으면 얼마든지 해,

난 괜찮어. 왜냐면 난 부럽지가 않어. 한 개도 부럽지가 않어.'

이렇게 시작하는 랩과 내레이션을 섞은 듯한 이 노래는 웬만한 명상 서적과 강의를 들은 것 이상의 깨달음을 준다. 부러움이란 감정이 논리적이고 이성적으로 탄생한 것이 아니니만큼 장기하의 이 노래처럼 부럽지가 않음을 계속 주문하듯 생각해 보는 것도 좋은 방법의 하나다.

팔로알토 할머니의 과거 빌런에게 복수하기 아이디어

생명보험회사는 사람의 영업활동을 기반으로 성장한 기업이다 보니 회사가 가진 고유한 문화에 디지털의 성격을 입히기는 쉬운 일이 아니었다. 이에 대해 한창 고민하던 2019년 여름, 나는 회사의 추천으로 스탠퍼드 대학의 d.school 프로그램에 참여하게 되었다. 스탠퍼드 d.school은 근처 실리콘밸리의 혁신적인 스타트업과 세계적인 IT 기업들이 새로운 서비스를 기획할 때 많이 활용한 '디자인 싱킹'으로 유명했다.

보험회사의 틀을 깬 새로운 상품을 만들기 위해선 사고방식부터 바꿀 필요가 있었고 이를 위해선 당시 세계에서 가장 혁신적이라고 인정받는 프로그램으로부터의 노하우 전수는 꼭 체험하고 싶은 일이기도 했다. 하지만 그때는 몰랐다. 그 일주일의 프로그램이 일 년 반 동안의 네덜란드 MBA 과정을 밟는 것만큼이나 힘들고 스트레스받는 기간이었음을….

스탠퍼드 d.scool의 '디자인 싱킹' 프로그램은 신사업을 기획하는 새로운 접근법을 알려주는데, 그 과정은 공감하기(Empathize) ➡ 정의하기(Define) ➡ 아이디어 만들기(Ideate) ➡ 프로토타입 만들기(Prototype) ➡ 테스트하기(Test)로 구성된다. 이 5가지 과정을 4박 5일 동안 참가자들끼리 팀을 이루어 직접 체험하는 형태로 진행되었다.

한국, 미국, 인도, 사우디아라비아, 페루, 콜롬비아 총 6개국으로 이루어진 우리 팀은 먼저 어떤 고객의 니즈에 '공감하기'를 해야 할지 고민에 들어갔다. 최종적으로 선택한 아이템은 '은퇴한 노년층을 위한 디지털 서비스 제공'이었다. 스탠퍼드 대학이 위치한 팔로알토는 날씨가 좋고 도시가 한적해 미국 전역에서 은퇴한 노년층들이 많이 거주하는 곳이라 이 지역에 적합한 서비스라고 생각했다.

그런데 오리엔테이션에서 전해 들은 이 d.school 프로그램의 강력한 특장점은 고객의 목소리를 직접 듣고 이것을 상품과 서비스에 반영하는 것이었다. 순간 나는 '이 짧은 기간에 어떻게 고객의 목소리를 직접 듣지? 아마 여기 참여한 참가자들을 가상의 고객으로 가정하고 그들로부터 고객 반응을 청취하겠지'라고 생각했다.

한국에서도 신사업 시 POC(Proof of Concept)를 진행할 때 유저 테스트 대상을 정하고 이들에게 다양한 서베이나 집중 인터뷰(Focused Group

Interview)를 했기 때문에 참여자들 대상으로 이런 것이 진행되리라 자연스레 생각했다.

그러나, 아시아에서 넘어온 50대 아저씨가 예상할 수 있는 수준을 넘어 세계 최고 프로그램이라는 d.school은 확실히 달랐다. 프로그램 담당 교수의 주문은 우리가 생각한 가설을 직접 거리에 나가 잠재 고객들에게 확인해보라는 것이었다. 한국에서 고객 검증을 할 때도 당연히 조사 대행사를 썼고 대행사도 고객들을 모집할 때 얼마간의 사례를 하는 것이 일반적이었는데, 거리에 나가서 생면부지의 외국인들(미국으로 보면 현지인)에게 직접 물어보라니, 이건 정말 상상하기 어려운 요구였다.

팔로알토는 조용한 도시라 유동인구가 그리 많지 않았다. 그나마 스탠퍼드 학교 앞은 학생들이 좀 있었지만, 우리가 대상으로 삼는 은퇴한 노년층은 찾기 어려울 것 같았다. 설마 있다 해도 그들이 얼마나 적극적으로 인터뷰에 임해줄 것이며 그 대답 또한 비즈니스 의사결정에 얼마나 도움이 될까 하는 생각이 휘몰아치기 시작했다.

마음공부의 개념으로 보자면 분별심이 급격히 상승하고 있었다. 주어진 이 요구를 수행하기도 전에 내 경험의 잣대에 비추어 정말 말도 안 되는 일이라 단정하고 현장 인터뷰를 수행하기 전부터 불만에 가득 찼다. 정도의 차이는 있지만, 서구나 남미 참여자들에게도 쉽지 않은 도전이어서 그들도 제법 당황하는 듯했다.

하지만 프로그램 과정이라 하는 수 없이 거리 인터뷰에 나섰다. 예상했던 대로 거리엔 사람이 없었다. 점심시간 시작 전 두 시간 정도가 우리에게 부여된 시간이었고 이 시간 동안 우리가 생각하는 가설에 관해 설명하고 고객 피드백을 받아야 했다. 오후에 이 결과에 대해 팀별 발표를 해야 했기에 경쟁심 차원에서라도 수확 없이 돌아가긴 힘든 상황이었다.

우리 팀은 2인 1조가 되어 흩어져 팔로알토의 한적한 거리를 할머니, 할아버지들을 찾아 정신없이 돌아다녔다. 걱정했던 것과 달리 거리엔 나이 드신 분들이 걷고 계시거나 카페에서 차를 드시기도 하여 다행히 세 개 조는 각각 한 건씩의 인터뷰를 할 수 있었다. 미국분들이라 친절해서 그런지 아니면 나이 드신 분들이라 불쌍한 외국 학생들이 가여워서 그랬는지 우리 상황에 대해 잘 이해하시고 본인 의견을 최대한 잘 설명해주셨다.

세 개의 인터뷰를 통해 우리가 알고 싶었던 '은퇴한 노년층이 사용할 디지털 서비스'의 방향성이 도출되었는데 그 결과가 의외였다. 이미 존재하는 무난한 서비스 말고 정말로 고객들이 필요로 하는 예리한 서비스를 찾다 보니 최종 선정된 아이템은 '젊은 시절 가장 힘들었던 트라우마를 극복하기 위해 그 시절로 돌아가 그 트라우마를 안긴 사람에게 복수하는 것'이란 희한한 주제가 탄생했다. 과거의 트라우마를 지우기 위해 '복수'하는 가상현실을 체험함으로써 카타르시스를 느끼고 그 결과 잊고 싶은 과거를 극복하게 된다는 게 그분들의 대답이었다.

나이 드신 분들의 정신건강은 치매예방이나 불면증 해소 등만 있을 것으로 생각했던 우리에게 '젊은 시절 트라우마 극복을 위한 복수'라니! 이는 정말 상상조차 하기 힘든 주제였다. 내가 말도 안 된다고 생각했던 '길거리 즉석 인터뷰'가 아니었다면 책상머리에서 6개국 출신들의 아이디어로는 절대로 탄생하기 어려운 아이템이었다.

그리고 또 하나를 깨달았다. 신사업을 기획할 때 우리는 "고객의 의견을 잘 듣고 반영하자."라고 늘 얘기하지만, 실제로 날 것 그대로의 고객의 목소리를 들어보고 반영한 적은 별로 없었다는 걸 알게 되었다.

우리가 몇 개의 통계와 몇 가지 샘플 리서치 자료를 바탕으로 '이건 되고 이건 안 되고'의 꼬리표를 붙였지만, 실제 고객들은 우리의 예상과는 전혀 다른 방향의 서비스를 원할 수도 있다는 것을 돈 한 푼 들이지 않은 길거리 고객인터뷰를 통해 배울 수 있었다. 내가 거리 인터뷰를 나가기 전에 이건 말도 안 되는 짓이란 선입견을 품었던 것이나 인터뷰 대상을 찾고 요청을 거절당하고 하는 과정에서 너무 스트레스받고 창피함을 느꼈던 것도 결국 다 끝나고 보니 정말 부질없는 짓이었단 생각이 강하게 들었다. 고객의 목소리라는 정답이 기다리고 있었음에도 스스로 분별심을 가지고 부정적인 마음으로 인터뷰에 임했던 사실이 후회되기도 했다.

팔로알토 할머니 할아버지들 의견을 종합해 우리는 프로토타입을 만들었다. 하루 만에 코딩을 배워 목업(Mock up) 시제품을 만들기는 불가능했기에 우리는 학교에 있는 종이, 스티로폼들을 이용해 디지털 서비스의 각 페이지를 보여주는 모형을 제작했다. 그리고 다음 날 다시 거리로

나가 즉석 인터뷰를 통해 그 시제품에 대한 피드백을 받았다. 처음 인터뷰 때와 달리 시제품을 보여주고 서비스의 목적을 구체적으로 설명하자 응답률도 훨씬 높아졌다. 놀랍게도 대부분의 응답자는 그 서비스에 대해 매력적으로 생각한다고 했다.

누구도 노년층의 젊은 시절 겪었던 트라우마에 대해 궁금해하지 않거나 때론 금기시하는 데 반해, 이 서비스는 이것을 기억에서 끄집어냄과 동시에 과거로 돌아가 그 빌런에게 복수까지 하는 간접경험을 하게끔 하니 응답자들이 감정적으로 통쾌해하는 것도 같았다. 결국, 우리 팀은 이 같은 피드백까지 담은 결과물을 마지막 날 발표했고 참가자들과 교수들에게 꽤 많은 칭찬을 받으며 프로그램을 마쳤다.

지나고 보니 스탠퍼드 d.school에서의 일주일은 너무 힘든 기간이기도 했지만 내게 삶의 큰 교훈을 깨우쳐준 시간이기도 했다. 그 일주일 동안 내 마음은 오르내리는 엄청난 난기류를 겪었다. 하지만 그 모든 것들은 내 마음이 지어낸 것들이었고 진리는 그냥 가까운 곳에 존재하고 있었다. 내가 툴툴거리는 마음으로 했건 기쁜 마음으로 했건 팔로알토 할머니 할아버지들의 답은 달라지지 않았을 것이다. 모두 내 마음이 지어낸 것과 별개로 진리는 그 순간 그 자리에 존재한다는 것을 깨달은 값진 경험이었다.

도쿠가와 이에야스의 유훈

———

    일본 전국시대를 통일하고 에도막부를 세운 도쿠가와 이에야스는 죽기 직전 유훈을 남겼는데, 인내심을 바탕으로 최종적으로 대업을 달성한 인물인 만큼 그 유훈은 큰 울림을 준다.

> "사람의 일생은 무거운 짐을 지고 먼 길을 가는 것과 같다. 그러니 서두르지 마라. 무슨 일이든 마음대로 되는 것이 없음을 알면 불만을 가질 일이 없다."

    전체 유훈의 1/4 정도 되는 이 첫 세 문장은 인간이 삶을 살아가며 마주하는 수많은 순간에 대해 어떤 마음가짐을 가져야 하는지를 함축적으로 말해준다.

    인간은 불완전한 존재다. 내가 원해서 태어난 것은 아니지만 한 번 태어난 이상 무거운 짐을 지고 먼 길을 가는 것과 같은 힘든 인생을 살아갈 수밖에 없다. 그 과정에서 인간의 생각과 마음은 수만 가지의 고민과 걱정을 만들고 이것을 이겨내며 살아가야 하는 것이 인생이다. 하지만 우리의 걱정과 근심은 실제 존재하는 것이 아니라 인간의 마음이 지어낸 것이란 걸(일체유심조) 알아차리고 그 알아차림의 상황을 꾸준히 유지해내는

3. 속지 마, 모두 마음이 지어낸 것들이야

삶을 살아갈 수 있다면 불완전한 인간의 삶을 좀 더 가치 있고 행복한 삶으로 전환할 수 있다.

도쿠가와 이에야스는 어린 시절 적에게 끌려가 인질 생활을 경험했고 오다 노부나가와 도요토미 히데요시라는 두 명의 라이벌 밑에서 끝없이 인내하는 생활을 했다. 심지어 자기 아들에게 할복을 명하는 괴로움까지 겪었다. 일본 전국시대에 일어나는 수많은 전투 속에서 그는 더없이 커다란 마음의 괴로움을 겪었으며, 그런데도 인내하고 참아내며 그 신산스러운 삶을 견뎌냈다. 그리고 마침내 그는 일본 전국시대 최후의 승리자가 되어 에도막부 시대를 연 것이다.

동서고금의 역사를 보면 영웅은 그 누구보다 큰 어려움을 겪었다. 그 엄청난 시련이 있었기에 그것을 극복할 정도의 그릇이 된 것이고 그 결과 큰 업적을 이룬 것이다. 그 시련의 시간 동안 느끼는 마음의 고통을 위인들은 각자의 방식으로 견뎌냈을 것이다.

도쿠가와 이에야스는 사람의 일생은 무거운 짐을 지고 먼 길을 가는 것과 같다는 것을 전국시대 수많은 전투에서의 괴로움을 통해 깨달았고 그 결과 집착하지 않았고 서두르지 않았다. 괴로움이 인생의 본질이고 어쩌면 그것조차 다 마음이 만들어낸 것이란 걸 알았기에 그 험난한 시절을 인내로 견뎌 냈을 것이다.

도쿠가와 이에야스 유훈의 두 번째 키워드는 '무슨 일이든 마음대로 되는 것이 없음을 알면 불만을 가질 일이 없다.'라는 것이다. 요즘 세상에서 마음먹은 대로 되는 삶은 오직 신만이 가능한 일이다. 전 세계 일부 독재자를 제외하곤 대통령이나 국왕이나 수상도 자기 마음대로 할 수 있는 일이 거의 없다. 자기 마음대로 되지 않는 삶이 정상인 것을 깨닫는 것, 그것이 평범해 보이지만 절대로 쉽지 않은 일이다.

목표한 대로 시험점수가 안 나오거나 노력한 만큼 직장에서 목표를 달성하지 못했을 때 느끼는 실망감은 겪어본 사람들은 그것이 얼마나 커다란 마음의 상처인지 기억한다. 하지만 그 상황이 어쩌면 당연하다고 생각하며 툴툴 털어내고 다시 시작할 수 있는 사람과, 그러지 못하고 그 괴로운 상황에서 더는 도전을 포기해 버리는 사람과의 2~3년 뒤 미래는 극명하게 달라져 있을 것이다. 마음대로 되지 않는 것이 당연하다고 받아들이는 삶, '이제 넌 안돼.'라고 얘기하는 마음이 지어낸 말을 한 귀로 흘려듣고 현재에 집중할 수 있는 삶, 바로 그런 삶이 우리를 행복과 성공으로 이끌 수 있다.

그런 삶을 살아가기 가장 좋은 조건을 가진 곳이 바로 직장이다. 직장생활에서 일어나는 많은 상황은 우리를 스트레스에 몰아넣고 있지만 '그럼에도 불구하고' 해내야 하는 업무들이 있다. 그리고 어쩔 수 없이 해내야 하는 그 일을 하다 보면 잠시나마 생각과 마음의 굴레에서 벗어날 수 있다.

내 안의 에고가 어지러운 마음을 일으키기 가장 좋은 상황은 어딘가에 집중하지 못하고 계속되는 생각의 굴레에 빠져 있을 때다. 직장에선 마지 못해 해야 하는 업무가 있기에 그 업무에 집중하는 동안은 에고의 기운이 약해지는 것이다. 에고의 심한 방해 때문에 업무에 집중할 수 없는 상황도 있을 수 있겠으나 직장엔 '마감 시한'이란 강력한 조력자가 있기에 에고의 방해를 무시하려고 발버둥이라도 칠 수밖에 없다. 이 같은 과정을 거치다 보면 결국 자연스럽게 마음 수행을 경험할 수밖에 없다.

그에 비해 오로지 수행만을 위해 집을 떠나 산속이나 무인도로 향하거나 아니면 몸을 극심한 고통 속에 몰아넣거나 하는 극단적인 방식으로 깨달음이나 마음의 평화를 찾으려고 하는 사람도 있다. 하지만 이같이 인위적 방식으로 깨달음을 얻고자 하는 이들은 결코 목적을 이루기 쉽지 않다. 이들이 추구하는 깨달음이나 깨어남 같은 것조차도 그들의 마음이 지어낸 허상이기 때문이다.

영적 지도자들은 이것이 마치 물속에서 물을 찾는 것과 같다고 말한다. 자신의 일상에서 진리를 발견하지 않고 엉뚱한 곳에서 그것들을 갈구하기 때문이다. 그보다는 직장생활에서 오는 여러 괴로움을 극복해가며 묵묵히 자기 일을 해 나가는 것이 오히려 더 구도자의 모습과 가까워 보인다. 비록 밥벌이를 위해 하는 일들이지만 생각 하나만 바꾼다면 직장에서의 모든 일은 '수행'이 될 수 있다. 하루 12시간 이상을 투자하는 출근에서 퇴근까지의 모든 일을 누가 시켜서 억지로 하는 일이란 생각을 버리고 내 마음의 평안함을 찾기 위한 '수행'이라고 생각해 보자.

사무직이건, 생산직이건, 일용직이건 그들이 해내는 하루의 일과는 산속 토굴에 들어가 깨달음을 얻기 위해 괴로워하는 이들의 하루보다는 훨씬 안정적이다. 하지만 그 안정적인 일들을 계속하는 것은 그 어떤 수행방법보다 가장 효과적이면서 목적한 바에 다다를 수 있는 지름길이기도 하다. 억지로 찾는 것이 아니라 직장생활이라는 하루의 일상 속에서, 마음이 어지러울 때마다 이 모든 것이 마음이 지어내는 것이란 걸 알아차리고 그것을 지켜보며 결국 다시 마음의 평온함을 찾아가는 것, 이 일련의 과정이야말로 진정 깨달음에 다가가기 위한 수행의 모습이다.

월급쟁이에게 주인의식은 환상이다

내가 근무했던 '엠넷미디어'는 2006년에 다섯 개 음악 회사를 인수·합병하여 생겨났다가 2010년 'CJ E&M'으로 다시 합병되며 사라졌다. 그런데 이 엠넷미디어 5년의 기간이 내 회사생활 중 가장 치열하게 일했던 시간으로 기억되는 건 회사가 너무 어려웠기 때문이었다.

당시는 불법 다운로드가 성행할 때고 스마트폰이 나오기 전이라 무제한 스트리밍으로 음악을 듣는 상품도 없었기에 음악 회사들이 수익을 창출하기가 어려운 시절이었다. 명색이 대기업 계열사이자 코스닥 상장사인데 적자를 이어갈 수는 없고 해서 거의 매해 비상경영이었던 것으로 기억한다. 내가 속했던 사업부의 담당 임원은 그룹에서 촉망받는 인물이었는데, 지독한 워커홀릭으로 유명했다. 그는 퇴근도 잘 하지 않고 늘 야근했으며 새벽에 퇴근하는 날도 종종 있을 정도로 지독히 일에 매달렸다. 하지만 성과는 기대했던 것만큼 따라주지 않았다.

연간 목표대비 달성률이 몇 개월 연속 마이너스를 기록하고 있던 어느 날 팀장 회의시간이었다. 그날도 저조한 당월 실적에 관해 얘기하던 중 그 임원은 참고 참았던 한마디를 했다.

> "여러분들은 실적이 이런데 밤에 잠이 오나? 나는 회사에 대한 걱정 때문에 잠을 자지 못한다. 회사 상황이 이런데 다들 칼퇴근하고, 밤에 있어 보면 야근하는 사람들은 극히 드물다. 모두 좀 더 노력해야 하지 않겠나?"

요즘 MZ 세대들이 들으면 기겁할 내용이지만 당시는 그 정도 하드 워킹에 대해 상사가 요구하는 것이 달갑지는 않아도 사회적으로는 용인되는 시기기도 했다. 그 미팅 이후 팀장들의 반응은 어땠을까? 담당 임원의 절박함에 대해 공감하지 못한 바는 아니었지만, 동기부여가 목적이라면 결국 그는 실패했다. 모두 회사의 어려운 사정을 알고 있고 팀장들이라는 보직 간부로서의 책임감 또한 모두 가지고 있었다. 각자의 영역에서 어떻게든 해결방법을 찾으려고 노력하고 있었으나 불법다운로드라는 제도적인 상황이 개선되지 않는 한 돌파구를 찾기 어렵다는 것도 잘 알고 있었다. '이런 상황에서 잠이 오냐'라며 팀장 모두를 무책임한 사람들로 만들고 야근을 종용하는 듯한 요구를 하는 담당 임원의 발언은 결국 사업부 전체를 더 무기력하게 만들고 말았다.

나는 그 임원이 누구보다도 열심히 일했고 특히 주인의식이 강했던 사람으로 기억한다. 밤에 잠도 이루지 못하며, 평상시 퇴근도 미루고 사무실에서 밤늦게까지 머물렀던 건 실제로 중소기업을 운영하는 사장 이상의 주인의식이 있었기 때문이라고 믿는다.

지금까지의 내 직장생활 경험을 돌이켜 생각해 보면, 월급쟁이들이 주인의식을 가지는 것은 오히려 부작용을 일으키는 경우가 많았다. 주인 의식이란 쉽게 말해 '이 회사는 내 것'이라는 생각으로 일하는 것을 말한다. 하지만 피고용인으로서 직장인은 절대 회사가 내 것이 될 수 없다. 지금 자신이 있는 그 자리, 그 직책, 그 업무들은 잠시 자신에게 주어진 것이고 언제든 회사에 반납하고 떠나야 한다는 것이 직장인들의 숙명이다. 오히려 직장인들에게 필요한 것은 주인의식보다는 직업윤리와 책임감이다. 내가 그 일을 하는 동안 윤리적으로 깨끗이 행동하며, 나에게 주어진 책임을 최선을 다해 완수하려고 하는 자세가 더 필요하다.

과도한 주인의식도 다 마음이 지어낸 환상이다. 아무리 강한 주인의식을 가진 사람이라도 결국은 월급쟁이인 이상 언젠가는 타의에 의해 회사를 떠날 수밖에 없다. 오히려 그런 상황이 오면 강한 주인의식은 회사에 대한 배신감으로 변할 수도 있다. 마음이 지어낸 환상이 깨지는 순간 정반대의 감정이 몰려오는 것이다.

물론 요즘 회사에서는 앞의 임원과 같은 그런 요구를 하는 사람들은 많이 줄었다. 그런데 요즘 MZ세대 시각에서 보자면 그 임원은 또 하나의 큰 실수를 한 것이 있다. 그는 임원이었고 당시 팀장들은 30대 후반의 직원들이었다. 그가 받는 연봉, 인센티브, 차량, 여러가지 부가혜택들을 팀장들은 받고 있지 않았다.

회사에서는 개인이 짊어질 책임의 무게와 그가 받는 혜택의 총량이 얼추 비례한다. 많은 혜택을 받고 있으면 많은 책임을 지는 것이 당연한 일이다. 회사 걱정에 밤에 잠이 오지 않는 것은 주인의식도 있지만, 그가 받는 혜택에 비례한 무거운 책임감 때문일 수도 있다. 하지만 그는 자신이 받는 혜택은 고려하지 않고 그가 가진 책임감만 직원들에게 동일하게 요구한 꼴이 된 것이다.

앞서 말했듯 당시는 하드 워킹을 어느 정도 용인해주는 문화이긴 했으나 그의 그 발언에 대해 MZ 세대가 아닌 15년 전의 팀장들도 모두 동의하지 못했다. 요즘은 그런 일들이 많이 줄어들었으리라 생각한다. 후배 사원들에게 업무지시를 해야 하는 상사들은 자신과 후배 사원들의 책임감의 무게가 다름을 인정하고 그에 맞는 형태의 책임감을 얘기할 수 있는 리더십이 필요하다.

직장에서 주인의식 과잉으로 나타나는 부작용은 임원급에서만 나타나지 않는다. 한 조직을 맡은 팀장급에서도 자주 보이며 심지어는 실무자에게서 나타나기도 한다. 직원 레벨에서 볼 수 있는 주인의식 과잉의 사례는 아이러니하게도 자기 일이나 자기 팀원에 대한 애착 때문에 발생하는 경우가 많다.

나는 지난 20여 년간 마케팅을 기반으로 한 신규사업을 많이 했었다. 신규사업은 트렌드를 분석하여 사업 기회를 포착하고 적절한 시기에 시장 진입하는 것이 성패를 가름한다. 그러다 보니 TF를 구성하는 일이 자주 있었다. 아무래도 정식 팀의 조직보다는 유연성이 있고 인사적인 움직임도 최소화할 수 있는 형태가 TF이기 때문이다.

프로젝트 하나가 뜨고 TF를 구성할 때의 문제는, 최적의 인물을 적재적소에 배치하는 과정에 있다. 새로운 업무지만 그 업무를 위해서 외부에서 경력사원을 뽑아 충원하기엔 시기적으로 불가능하다. 따라서 기존 팀에서 각 역할에 맞는 인원을 차출하여 배치하는 경우가 일반적이다. 문제는 TF 업무를 수행하려면 각자의 역할에서 경험이 충분히 있고 어느 정도 검증된 인원이 필요한데, 이들이 대부분 그 팀에서 중추적인 역할을 하는 사람이라는 것이다. 일을 잘 하다 보니 당연히 팀장이 총애하는 사람들이 많고 자칫 그 친구가 업무에서 빠지게 되면 팀 업무 자체가 마비되는 경우가 생기기도 한다.

TF가 생길 때마다 이런 현상은 늘 일어나는데 이때부터가 정말 중요하다. TF 구성을 담당할 임원들이나 자기 팀원을 TF에 보내야 하는 팀장

3. 속지 마, 모두 마음이 지어낸 것들이야

들이나 그리고 TF를 가야 하는 팀원들이나 어느 일방의 편을 들기 모호한 상황이다 보니 각자의 역할에서 조심스러운 처신을 해야 한다.

먼저 TF 구성을 담당하는 임원들의 경우 팀원을 내줘야 하는 팀장과 어쩌면 원하지 않은 새로운 업무를 맡아야 하는 팀원들의 마음을 역지사지로 이해해야 한다. TF가 꾸려지기로 했으면 출범할 수밖에 없지만 그렇다고 막무가내로 팀원들을 팀에서 차출하는 것은 조직문화에 경착륙을 가져올 수 있다. 팀원을 보내주는 팀장들과 소통을 충분히 하는 것은 물론, 가능하면 그들의 입장에서 생각하고 팀장들과 팀원들에게 미안한 마음을 표시하는 것도 필요하다.

팀장들도 팀원을 결국 보내야 한다는 것을 알고 있다. 하지만 억울함과 서운함이 동시에 일어나는 것은 사람인 이상 어쩔 수 없다. 감정엔 논리로 대응하는 것은 어리석다. 팀장들의 섭섭함을 대할 때 임원들은 미안함이란 감정으로 그들의 마음을 어루만지는 것이 최선이다. 어쩌면 이 상황에서 가장 어려움을 겪는 사람들은 팀장들이다. 특히 주인의식이 과한 팀장들은 심한 경우 팀원 차출에 대해 반발하기도 한다.

내 경우도 TF를 자주 꾸리다 보니 유사한 경우를 경험한 적이 몇 번 있다. 팀장들에게서 나타나는 주인의식은 앞서 임원들의 경우와 좀 다르다. 앞 사례의 임원은 '회사가 내 것이다.'라는 주인의식을 가지고 있지만, 팀장들은 '이 팀과 이 팀원들과 이 업무가 내 것이다.'라는 생각을 한다.

같은 주인의식이라고 말하고 있지만, 팀장들의 경우는 일에 대한 애착에서 비롯된 집착에 좀 더 가까운 표현일 것이다. 어쨌든 이런 집착 같은 주인의식은 결과적으로 팀장에게 좋지 못한 상황을 만들 수 있다. 회사의 결정으로 TF가 만들어지기로 했으면 필사적으로 막아보려 한들 그 팀원의 이동을 막기는 어려울 것이다. 그 과정에서 담당 임원이나 인사팀과는 필연적으로 마찰이 발생할 수밖에 없어 결국 팀원은 가버리고 본인은 조직과의 나쁜 기억만 남게 된다.

이런 상황을 나도 몇 번 경험하다 보니 그런 반응을 보이는 팀장들에게 이 팀과 팀원들이 네 것이 아님을 설명하는 데 시간을 많이 할애했다. 나 역시도 팀장 때 그런 반응을 보였기에 그것은 너무 당연한 일이었다. 그러나 그런 실랑이와 반발이 오래 지속되면 결국 피해 보는 것은 팀장 본인일 수밖에 없다. 팀원을 보내야 하는 본인의 어려움과 섭섭함을 표현은 하되 회사의 상황을 이해하고 쿨하게 보내주는 것이 최선이다. 이렇게 마무리될 경우 그 팀장의 조직관리 능력과 회사에 대한 로열티는 오히려 긍정적으로 평가받을 수 있다.

그렇지만 사람인지라 머리로는 이해해도 마음으로는 움직이지 않는 경우도 많다. 하지만 어쩌겠나? 우리는 모두 조직에 속해 있는 피고용자인 것을…. 이런 상황은 회사생활을 하는 한 부지기수로 발생할 것이다. 그럴 때마다 우리는 기억해야 한다. 주인의식이란 것도 모두 마음이 지어낸 환상일 뿐이며 회사에서의 모든 것은 잠시 우리를 스쳐 지나가는 것일 뿐 내 것은 없다는 점을…. 그러니 내 것이 아니므로 집착할 필요도 없다.

이런 마인드를 갖는 것이 바로 월급쟁이들이 직장생활로부터 훨씬 덜 스트레스 받는 상황으로 만드는 마음건강 피트니스이다.

직장생활을 마감하며 얻은 깨달음

마음공부를 하는 사람들이 자주 듣는 말 중 하나는 '분별심'을 버리라는 것이다. 분별심은 불교 특히 선불교에서 자주 언급되는 용어이긴 하나 요즘에 와선 서구에서 참선과 명상의 도구로 사용되는 Zen(禪)을 통해 종교적인 의미보다는 마음공부의 용어로도 자주 사용된다.

분별심이란 말 그대로 '좋은 것, 나쁜 것', '예쁜 것, 못난 것', '착한 것, 못된 것' 등 어떤 사물이나 현상을 있는 그대로 보지 않고 일체유심조의 마음이 지어내는 것처럼 스스로 좋고 나쁜 것의 이름표를 붙이는 행위를 말한다. 그리고 이 분별심을 버리는 것이야말로 마음공부의 근본이 된다. 그런데 이 분별심에 대해 좀 더 공부하다 보면 곧 커다란 장벽에 부딪히게 된다. 그것은 바로 '사물과 현상을 둘로 구별하지 않는 일원론', '완벽한 둘로 구분하는 이원론'과 같은 좀 더 근본적인 개념과 연결되어 있기 때문이다.

이원론은 보편적으로 '우리가 생각하는 세계는 서로 다른 이질적인 두 가지로 나뉘어 있다.'라는 이론이다. 나와 너, 나와 세상, 흑과 백, 선과 악 등 서로 다른 두 가지가 공존하는 것이 세상이고 이런 개념은 종교적으로나 철학적으로나 다양한 해석들이 이미 존재한다.

이에 반해 일원론 또는 불이원론(Non-Dualism)은 나와 세상이 둘로 나뉜 것이 아니라 궁극적으로는 하나라는 다소 파격적인 개념이다. '색즉시공 공즉시색'을 얘기하는 불교가 이 일원론의 대표적인 종교이며, 인도의 영적 전통인 아드바이타 베난타를 그 기원으로 보기도 한다.

마음공부의 깊이가 점점 깊어질수록 결국 불이원론과 마주할 수밖에 없는데, 많은 일반적인 초급 단계의 수행자들은 이 개념의 벽을 넘지 못하고 포기한다. 특히 불이원론은 머리로 이해하는 것이 아니라 마음으로 받아들여야 한다는 말을 듣게 될 때면, '아, 이것은 평범한 직장생활을 영위하면서 이와 함께 수행할 수준이 아니구나'라는 것을 깨달아 더 이상의 수행 여정을 어렵게 만든다.

나 역시 불이원론을 머리로도 완전히 이해했다고 할 수 없으며 특히 세상과 나는 연결된 하나라는 개념을 넘어서 '내 몸이 실제 내 몸이 아니다.'라던가 '꿈과 현실조차도 둘로 나눌 수 없다'라는 대목에 이르면 일반인들이 접근할 수준의 명상이 아니란 것을 강하게 느끼곤 했다. 따라서 평범한 직장인인 나는 더 깊은 이론과 개념까지의 이해는 일단 내려 두고 단순한 '분별심을 버리자'라는 쪽에만 집중하여 수행하기로 했다.

세상 모든 일이 마음이 지어내는 것이란 개념을 받아들이면 분별심을 버리는 것은 바로 이어서 적용할 수 있는 쉬운 '연결된 구분 동작'이 될 수 있다. 이는 존재하는 현상과 사실을 있는 그대로 지켜보고 받아들이되 그것이 좋은 것인지 좋지 않은 것인지에 대해 스스로 '이름표 붙이기' 행위를 버리는 것이었다. 결국, '이름표 붙이기' 과정을 생략하면 현재 일어나고 있는 현상을 받아들이기 쉬워졌고 이 받아들임의 과정은 좋지 않은 마음건강상태를 줄여주어 마음의 평온상태를 유지해 주는 데 큰 도움이 되었다.

월급쟁이들에게 있어 직장에서의 해고만큼 큰 스트레스를 불러일으키는 것은 없다. 나도 2023년 말 임원 퇴임 통보를 받았다. 2015년부터 이미 만 9년간 임원 생활을 했기에 대한민국 임원 평균 재임 기간을 훌쩍 넘어선 터라 언제 퇴임해도 이상하지 않은 시기이긴 했다. 하지만 29년간의 직장생활을 하루아침에 마감하고 퇴임 통보 바로 다음 날부터 출근하지 않는 상태가 되고 보니 현실을 자각하기 시작한 순간부터 상당한 정신적 스트레스가 몰려오기 시작했다.

만 29년 동안 휴가나 휴일을 빼고는 매일 출근했던 직장인이었던 내가 휴가가 아닌 평일인데도 출근할 곳이 없어, 집에 덩그러니 있어야 하는 상황이 너무나 비현실적으로 다가왔다. 퇴임 통보를 받은 날이 수요일이었는데, 그 후 일주일 정도는 매일 술을 마셨던 것 같다. 다행히 내 사정에 대해 공감해주는 친구들이 있었기에 그들은 때로는 휴가를 쓰거나 주말에는 아내와 자녀들에게 양해를 구하고 기꺼이 나와의 시간을 보내주었다.

　5년 전 아내와 이혼하고 돌싱이 된 나는 싱글 가구였는데 그러다 보니 집에 혼자 있는 시간에 직장에서 '해고된' 상황을 인지하는 순간이 오면 말로 형용하기 힘든 스트레스가 엄습했다. 아직 오십 초중반밖에 되지 않은 나이라 당연히 경제활동도 더 해야 했고 무엇보다 요즘 같은 100세 시대에 앞으로 40년 이상을 하는 일 없이 은퇴자로 지내야 한다는 생각은 상상할 수 있는 최고의 공포였다.

　퇴임 통보 일주일 만에 대기업 임원에서 동네 백수 아저씨로 변하는 것은 금방이었다. 정장보다는 청바지가 익숙해지고 재킷을 입는 것보다 후드티를 걸치는 것이 훨씬 편해졌다. 다행히 무슨 사회적 지위나 명함 같은 것에 연연하지 않는 가치관이 있었기에 신분 변화에 대한 충격은 크지 않았다. 하지만 앞으로 40년 이상 더 살아갈 인생에서 최소 70살까지는 무언가 해야 한다는 강박관념은 당시 어떠한 계획도 없었던 나에겐 쉽게 잠들 수 없는 요소이기 충분했다.

　다행히 첫 일주일의 충격과 번민을 거치는 동안 마음 한편에는 그동안 마음공부를 한 것의 효과가 자정작용처럼 일어나기 시작했다. 생각해보면 내가 회사에서 잘린 것은 그냥 하나의 현상이었다. 좋거나 나쁘거나 하는 꼬리표만 떼면 그냥 내 삶 속에 일어난 하나의 사건에 불과했다. 게다가 일반 직장인이 쉽게 하기 힘든 대기업 임원 생활도 경험했고 그것도 대한민국 평균 임원재직 기간보다 훨씬 긴 9년을 보냈으면 직장인으로서 충분히 감사하고 행복한 직장생활이었음은 자명한 일이었다. 오십 초중반에 퇴임하게 된 것을 스스로 불행한 일이라고 이름표를 붙여서 그렇지 그냥 현상만 놓고 보면 나쁜 일도 아니고 좋은 일도 아닌 순리에 따른 일이라 생각했다. 그리고 좀 더 긍정 회로를 돌려보았다.

운 좋게 앞으로 2, 3년 더 직장생활을 하다 퇴직했을 경우 그 2, 3년은 소위 말하는 편안한 영역(Comport Zone)에 머물겠으나 앞으로 40년의 인생을 대비하여 세컨드라이프를 준비하기엔 오십 대 중반 이후란 나이는 되려 불리할 수도 있겠다는 생각이 들었다. 그런 접근이라면 오히려 지금 회사를 나와서 새로운 세상을 상대로 준비하는 것이 나에겐 골든타임을 놓치지 않을 타이밍일 수 있었다. 그리고 절대 스스로는 퇴사라는 결정을 하지 못했을 것인데 오히려 지금 이 시점에 그런 결정을 내려준 회사가 감사한 것이 아니냐는 생각까지 들었다. 운 좋게도 지난 몇 년간 꾸준히 마음공부를 해왔기에 '분별심'을 빨리 털어 버리고 퇴임 충격에서 벗어나 직장생활과 유사한 평일 루틴을 찾기 시작했다.

통상 사람들이 퇴사하면 클리셰처럼 따라오는 도서관에서 책 보며 시간을 보내거나 아니면 등산을 하거나 하는 일은 하지 않았다. 나이 오십이 넘다 보면 내가 무엇을 좋아하고 무엇을 싫어하는지를 명확히 알게 된다. 그러다 보니 그냥 내가 좋아하는 일과 잘하는 일을 찾아보기 시작했고 하기 싫은 일은 구태여 하지 않았다.

요즘은 도서관을 가지 않아도 중요 정보는 인터넷과 유튜브, 그리고 새롭게 주목받는 챗 GPT를 통해 충분히 습득할 수 있었다. 오히려 시간 나는 대로 서점에 들러 최신 트렌드를 파악하는 게 훨씬 도움이 되었다. 등산을 가진 않았지만, 체력관리는 필요했기에 홈트를 규칙적으로 하거나 실내자전거, 집 주위 산책 1시간 등의 루틴은 꼭 지키고자 했다. 회사를 갈 땐 출퇴근부터 사내 외에서의 이동 등 자연 발생적인 운동량이 생기는데, 퇴직 후엔 그런 생활 운동량이 현저히 떨어지기에 규칙적인 운동은 꼭 필요했다.

　남들이 퇴직 후 가장 먼저 한다는 국내외 장거리 여행이나 한 달 살기 등도 하지 않았다. 10여 년 전 혼자 국내 여행을 2박 3일 간 적이 있었는데 당시 지역 맛집 몇 군데 간 것을 빼면 나머지 시간은 꽤 심심하게 보냈고 그러다 보니 오히려 이런저런 잡념이 더 떠올랐던 기억이 있다. 여행은 즐거운 것이지만 지금 당장은 굳이 갈 필요를 못 느꼈고 나중에 홀쩍 떠나고 싶은 마음이 생기거나 새로운 곳에 대한 정보를 얻거나 하면 시간에 구애받지 않고 그때 바로 떠나기로 마음먹었다.

　당장 재취업을 열심히 알아보지도 않았다. 이미 몸이 무거울 대로 무거워진 만큼 내가 이직할만한 포지션이 대한민국에 그리 많지 않다는 것을 알고 있었기 때문이다. 잘 아는 헤드헌터 두 명에게만 내 현실을 알려주고 혹시 인연이 닿는 곳이 있다면 그때 생각해 보기로 하는 패시브한 구직자가 되었다. 대신 그동안 관심 있는 분야에 대해 좀 더 공부하고 자료를 찾고 그것들을 정리해보는 일을 시작했다. 그래도 하루 8시간 이상을 사무실에서 근무했던 직장인이었기에 뭔가를 기획하고 자료를 만들어 보고 하는 일들은 내겐 꽤 익숙한 일이었다. 그러면서 장기적으로 내가 할 일을 찾아보고 준비해 나가는 루틴을 잡아 나갔다.

짬짬이 명상도 많이 했다. 명상 방법은 간단한 것으로, 집안의 편안한 의자에 앉아 눈을 감고 호흡을 느끼며 생각을 없애는 데 집중하는 정도였다. 앉아있는 것이 지겨울 때면 창밖에 경치를 바라보는 것으로도 충분히 효과가 있었다.

이젠 퇴직 이후 생활 루틴을 찾은 지도 적지 않은 시간이 흘렀다. 물론 아직은 평범한 인간이기에 미래에 대한 걱정이 내 의도와 상관없이 불쑥불쑥 올라오기도 한다. 현직에 있으면서 행복했던 많은 일이 생각나기도 하고 아직은 승승장구하는 동료들에 대한 부러운 마음이 들 때도 있다. 그럴 때마다 직장생활이 최고의 수행이었음을 다시 한번 생각한다.

29년의 직장생활을 하는 동안 여러 사건과 현상을 만났고 그때마다 내 마음은 요동쳤으나 용케 견뎌내고 지금에 이르게 되었다. 특히 마음 공부를 시작한 지난 10여 년 동안은 마이클 싱어의 내맡기기 실험처럼 내 직장생활을 수행의 하나로 생각하는 실험을 해보기도 했다. 그리고 지금 내게 출근할 직장은 없어졌으니 그냥 이 삶 자체가 최고의 수행이라고 생각해 본다. 하루의 루틴을 지키며 개인적인 일을 준비하고 규칙적인 식사와 운동을 하는 것, 그리고 무엇보다 시간과 공간의 자유로움이 생긴 것에 감사하며 삶이란 수행을 해 나간다.

퇴직 후의 난 분별심이 가득하며 회사에서 막 잘린 괴로워하는 직장인이었지만, 이젠 오히려 지금의 삶에 만족하고 세상의 아름다움을 느끼며 하루하루 살아가는 평온한 마음의 오십 대 아저씨가 되어있다. 역시 회사를 나오게 된 것은 좋은 것도 나쁜 것도 아닌 내 인생에서의 하나의 이벤트에 불과했다. 새로운 상황이 닥치면 또 그 삶에 나를 내맡기고 묵묵히 한 발 한 발 걸어나가면 되는 일이었다. 이 새로운 걸음이 한 해 두 해 계속된다면 또 어떤 이벤트가 내 삶 속으로 들어올까 기대되기도 한다.

4
먹고 마시고 대화하고 사색하라

성공한 리더들은 엔터테이너다

내가 임원이 되기도 한참 전인 20년 전부터 들은 얘기가 있었다. 임원들은 아무리 전날 새벽까지 술을 마셔도 다음 날 아침 7시면 누구보다 먼저 일찍 출근하는 것은 물론 단정한 헤어스타일과 옷차림까지 전날 술 마신 티가 하나도 안 난다는 것이다. 실제 내가 경험한 임원들도 대부분 그

랬던 것 같다.

전날 회식 자리가 아무리 늦게 끝났어도 제일 먼저 그것도 숙취가 하나도 없는 듯한 멀쩡한 모습으로 출근 한 사람이 임원들이었다. 세월이 흘러 나도 임원이 되었다. 어느 날 회식을 하고 다음 날 제일 먼저 출근해 있는 내 모습이 오래전 봤던 그 선배들과 닮아있다는 사실에 놀란 적이 있다. 예전처럼 새벽까지 술자리가 이어지는 문화는 없어졌지만, 뭔가 반듯한 모습으로 사무실에 먼저 와야 한다는 생각이 은연중에 학습된 결과라는 생각이 들었다.

이런 행동은 모범이 되어야 한다는 강박감에서 비롯된다. 그런데 달리 생각하면 그런 형태의 모범은 오히려 같이 회식한 동료들에게는 부담으로 다가올 수 있다. 물론 회식 다음 날 정시 출근하는 것은 직장인으로서 당연한 직업윤리다. 그러나 조직의 가장 선임이 과할 정도로 일찍 출근하고 너무 반듯한 모습을 보이는 것은 구성원들에겐 적지 않은 부담이다. 일부러 늦게 나올 필요는 없지만, 직원들이 부담을 느낄 정도로 너무 일찍 나오는 것도 자제할 필요는 있다. 이젠 이런 구성원들의 마음을 헤아려야 하는 것도 리더의 숙명이 된 시대다.

성공한 리더들은 엔터테이너다. 아니 최소한 엔터테이너가 되려는 노력은 해야 한다. 즐거워서 직장생활하는 사람들은 없지만, 최소한 즐겁게 일할 수 있는 분위기는 만들어야 한다. 그리고 그 일을 하는 사람들은 인사팀 사람들이 아니라 조직의 리더들이다. 엔터테인먼트라고 하면 뭔가 즐겁고 웃기는 일들이 벌어져야 한다고 생각하는 사람들이 있는데 이는 오해다. 직장에서의 엔터테인먼트란 맘이 편하고 동료애와 소속감을 느끼고 직장인으로서의 성취감과 보람을 느끼는 그 환경을 말한다. 그러면 직장인들은 직장생활에서 즐거움을 느낄 수 있다.

따라서, 리더들은 회식 자리에서 술만 마시며 자기 얘기나 일 얘기만 해서는 안 된다. 구성원들의 얘기를 경청하라는 건 회의시간에만 국한된 얘기가 아니다. 회식 자리나 점심 식사 자리에서 자신이 말을 많이 하기보다는 동료들이 하고 싶은 얘기를 많이 하게 해야 한다. 먹고 마시고 대화하는 건 인간이 살아가면서 숨을 쉬듯 일상적으로 하는 일들이다. 하루 10시간 이상을 회사에서 보내는 만큼 이 시간이 스트레스의 시간이 아니고 즐거움의 시간이 될 수 있다면 직장인들의 삶은 풍요로워진다. 이 역할을 담당하는 것이 바로 조직의 리더이다.

남을 즐겁게 해주는 사람들은 자신이 오히려 스트레스를 받는 경우가 많다. 연예인들의 우울증이나 공황장애 비율이 일반인들에 비해 높은 것도 같은 이유다. 리더들이 구성원을 위해 업무 외적인 곳까지 신경을 쓴다면 그들의 마음건강엔 좋지 않은 영향을 미칠 수 있다. 이럴 때 리더들은 자신만의 방식으로 멘탈 관리를 한다. 직원들의 눈치를 보지 않고 오랜만에 술 한잔하기엔 부서장들끼리의 저녁 자리만큼 편한 자리도 없다. 맘 편히 라떼 얘기도 하고 경청의 부담에서 벗어나 그동안 억눌렸던 토크가 폭발하기도 한다.

내 경우는 회사 주변 숨은 맛집을 찾는 것이 나만의 스트레스 해소이자 멘탈 관리 방법이었다. 1996년 유니텔의 베타 오픈 때 식도락 동호회를 시작한 이후로 서울 시내 노포 위주의 식당을 발굴하고 방문하는 것은 나에게 취미 이상의 오랜 즐거움이었다. 고산자 김정호가 대동여지도를 만들 때 조선 팔도를 누비며 해안선 하나 산등성이 하나까지 직접 그렸듯이 서울 시내 식당들을 발품 팔아 직접 먹어보고 그러다 숨은 맛집 한두 개를 발견하는 것은 나에게 즐거움이자 나만의 멘탈 관리의 방법이기도 했다.

어려운 프로젝트 하나를 끝내고 그동안 수고한 구성원들과 함께 TPO에 맞는 식당에서 좋은 스토리텔링과 함께 하는 저녁 식사는 월급쟁이들만이 느낄 수 있는 행복이다. 그런 행복을 많은 후배에게 경험하게 해주고 싶었다. 월급과 그것의 교환가치인 일로 만난 사이지만 그래도 같이 있는 동안 소소한 즐거움도 느낄 수 있는 그런 낭만 있는 직장을 만들고 싶었다. 스트레스 없이 맘 편히 직장생활하는 것이 회사에서의 최고의 엔터테인먼트라는 걸 상기할 때 그것을 구성원들이 느낄 수 있다면 수행으로서의 직장생활을 뛰어넘어 삶에서의 작은 행복감까지 경험할 수 있을 것이다. 구성원들이 잠시나마 직장에서 그렇게 느낄 수 있게 해주는 것, 그것이 바로 엔터테이너로서 리더의 역할이다.

결국은 먹고 살자고 하는 일

국회의원들이 선거에서 떨어지고 백수가 되면 제일 많이 보는 TV 프로그램이 '동물의 왕국'이라는 말이 있다. 물론 그 프로그램을 찾아서 보는 것이 아니라 이리저리 채널을 돌리다가 갑자기 눈에 확 들어와 정신없이 보게 된다는 얘긴데 생각해 보면 충분히 일리 있는 말이기도 하다.

동물의 왕국은 아프리카 세렝게티 초원에서 벌어지는 동물 간의 생과 사에 얽힌 삶을 적나라하게 보여준다. 초식동물과 포식자인 육식동물 간에 먹고 먹히는 관계를 보고 있노라면 얼마 전까지 선거판에서 당선이란 목표를 위해 죽기 살기로 경쟁했던 자신들의 처지가 떠오르는 국회의원들이 많았을 것 같다. 따지고 보면 어디 국회의원만 그런가? 지옥철 출근부터 시작해 12시간 이상 직장에서 스트레스받는 직장인은 물론, 전쟁터인 직장보다 더한 지옥 같은 자영업의 현실에서 고물가와 고금리를 견디고 있는 자영업자들의 일상도 동물의 왕국과 별반 다르지 않다.

임팔라 한 마리가 무리에서 떨어져 표범에게 죽임을 당하거나 늙은 수사자가 하이에나 무리의 공격에 쓸쓸한 최후를 맞이하는 모습들을 보며 직장인이나 자영업자나 정치인이나 모두 삶의 냉혹함과 버거움을 떠올리곤 한다. 이처럼 동물의 왕국은 한 생명체로서 살아가는 것의 치열함을 보여주는 철학적인 모습이 담겨 있다. 그런데 동물의 왕국 내용을 좀 더 1차원적인 측면으로 보자면 결국 '먹고 살기' 위해 그 모든 치열한 과정을 지구상의 생명체들은 견디고 있다는 얘기이기도 하다.

먹는다는 행위는 인간본능의 대표 행위다. 먹지 않으면 에너지가 공급되지 않고 에너지 공급이 없으면 생명체는 삶을 영위할 수 없기에 생존을 위해서라도 가장 우선시 되는 본능이다. 현재 대한민국은 '초근목피'나 '보릿고개' 같은 단어는 기억조차 어려울 만큼 생존을 위한 먹기는 더는 중요하지 않은 일이 되었다. 오히려 얼마나 맛있는 음식을 먹을지, 얼마나 건강하게 먹을지, 얼마나 SNS에 예쁘게 나오는 음식을 먹을지가 더 중요한 세상이 되었다.

'먹방'이나 '쿡방'이 TV에 나오기 시작한 것이 10년 남짓 되었는데, 지금은 인기 예능프로그램의 많은 부분이 이 같은 소재로 다뤄지고 있고, 가장 수입이 많은 인기 유튜버 상위 랭킹도 대부분 먹방 유튜버들이 차지하고 있다. 이처럼 먹고 마시는 장면과 정보가 사람들의 주변을 24시간 홍수처럼 넘쳐나는 세상에서 조금만 다른 시선으로 먹고 마시는 행위를 바라보는 건 어떨까?

먹는다는 행위는 혼자보다는 타인이나 단체와 같이 이뤄지는 경우가 많기에 하루 삼시 세끼를 평생 먹는다는 것을 고려하면 생존을 위한 에너지 공급보다 좀 더 큰 의미를 먹는 것에서 찾을 수 있을 것 같다. 특히 많게는 하루 세끼, 적어도 하루 한 끼는 직장에서 식사하는 경우 이 먹는 행위를 어떤 마음으로 어떤 방식으로 하느냐에 따라 마음건강에까지 영향

            4. 먹고 마시고 대화하고 사색하라

을 미칠 수 있다.

　점심 메뉴에 대한 고민, 누구와 함께 식사하냐에 대한 선택, 상사와의 어려운 식사자리, 원하지 않은 회식에서의 행동, 힘든 접대 자리에서 술을 어느 정도 어떻게 마셔야 하는가에 대한 고민에 이르기까지 먹고 마시는 행위와 연결된 많은 마음과 생각들이 직장인의 삶 속엔 포함되어 있다.

　주 5일 근무하는 직장인의 경우 보통 1년에 220일 이상 출근하는데 이것보다 더 많은 빈도로 동료들과 먹고 마시기가 일어남을 고려한다면 결코 허투루 생각할 일은 아니다. 직장에서 업무 외적인 일로 스트레스받는 가장 대표적인 영역도 점심 식사와 회식임을 생각해 본다면 우리의 행복한 직장생활과 건강한 마음을 위해서라도 직장에서의 먹고 마시는 일을 어떻게 가치 있게 할 수 있을지 고민해 보는 것이 필요하다.

직장인의 점심

　얼마 전 직장인들 사이에서 "출근했는데 퇴근하고 싶어졌습니다."란 말이 한동안 유행한 적이 있었다. 엄밀히 따지자면 그 같은 욕구는 이미 오래전부터 월급쟁이들에겐 항시 내재한 것이었으나 드디어 자기 의견을 자유롭게 표출하는 것에 거리낌 없고 SNS란 무기를 장착한 MZ 세대들에 의해 수면 위로 올라왔다.

그 마음이야 충분히 이해하지만, 현실적으로 아직 9시간 이상 남은 퇴근 시간까지 축지법을 쓰듯 시간을 단축해서 이동하기는 불가능하다. 그러다 보니 퇴근 시간까지 중간 브리지 역할을 하는 점심시간이 직장인들에겐 사막 한중간의 오아시스 같은 역할을 한다.

출근하자마자 점심 메뉴를 정하고 약속이 없는 경우, 같이 먹을 사람들을 빨리 정해 놓는 것은 요즘 MZ 세대들의 일상이다. 점심시간이 다 되어 부장님과 같이 우르르 나가서 내키지 않는 국밥 위주의 점심을 먹고 돌아오는 행태는 최근 몇 년 사이 거의 사라져 가는 것 같다. 특히 코로나 기간을 겪으며 재택을 하거나 출근하더라도 혼밥 위주의 식사를 하는 분위기가 오래되다 보니 과거와 같은 비자발적인 메뉴 선택과 원하지 않는 사람들과의 식사자리는 꽤 많이 사라졌다. 하지만 직장생활이라서 늘 원하는 형태로만 점심 식사가 이루어지진 않는다.

'직장생활이 최고의 마음건강 수행이다.'라는 점을 생각할 때 하루의 직장생활 중 최소 한 번은 일어날 수밖에 없는 점심 식사를 어떤 마음으로 하느냐 역시 마음 수행의 중요한 요소라 할 수 있다. 불교에선 발우공양이란 개념으로 매 끼니 식사까지 수행의 하나로 보고 있으며 기독교는 사순절에 금식 기간을 두어 예수의 고난을 기린다. 이슬람 역시 라마단 기간 중 금식의 시간을 정해두는 등 지구상 다수의 종교가 음식을 섭취하는 일상의 행위를 수행의 일부로 여긴다. 따라서 직장인들도 가끔은 직장 생활에서 점심 식사의 행위를 수행의 한 방편으로 생각해 본다면 마음공부에 많은 도움이 될 것으로 생각한다.

동기들 간의 즐거운 점심이나 마음에 맞는 선후배들과 맛집 탐방을 겸한 점심은 그 자체로 큰 즐거움이라 마음건강에 아무런 해를 주지 않는다. 문제는 원치 않는 사람들과 원치 않는 메뉴를 먹게 되었을 때의 스트레스다. 아무리 요즘 직장인들의 점심이 위계질서가 많이 사라지고 자율적인 분위기 속에서 진행된다고는 하나 '또라이 총량의 법칙'이 있듯 '꼰대 총량의 법칙'도 역시 존재한다. 가령 오전에 급한 업무를 처리하느라 미처 점심 멤버를 잡지 못한 A 사원에게 부장님이 약속 없는 사람들은 "같이 점심 하자."라는 요청이 들어왔다. 그래서 꾸려진 그 날의 점심 멤버는 과장, 차장, 부장까지 총 4명이었다.

어제 한잔하신 부장님은 다른 사람들의 의견을 묻지도 않고 회사 앞 순대국밥 집으로 이들을 이끌고 출발한다. 평소 술을 즐기지 않는 A 사원은 당연히 해장국의 효용도 크게 느끼지 못했고 순대국밥도 성인이 되어 처음 먹어봤는데, 자기 스타일이 아니라서 스스로 돈을 내고 먹은 경험도 많지 않았다. 하지만 이왕 이렇게 벌어진 일 A 사원은 어떤 마음을 가지고 점심을 먹는 것이 좋을까?

처음 떠오른 감정은, 아저씨들 틈에 끼어서 먹는 것은 물론 원하지 않는 순대국밥을 먹는다는 것에 대한 반감이다. 하루 직장생활 중 오아시스 같은 이 시간을 이렇게 보낸다는 것에 대한 스트레스를 안고 식사를 하면 소화가 안 되는 것은 물론 오후 근무에까지 안 좋은 영향을 끼치게 된다. 하지만 연초부터 마음공부를 시작한 A 사원은 이러한 부정적 생각 역시 마음이 지어낸 것이라는 것을 떠올리고 이 점심이 마음에 안 들고 나쁜 것이란 꼬리표를 떼어내기 시작했다.

'어차피 배가 고프니 점심은 먹어야 하는데 그것도 부장님이 법카로 사 주셔서 점심값도 절약할 수 있으니 차라리 다행이네.' 이런 생각을 하다 보니 터덜터덜 순대국밥 집으로 따라 들어갈 때의 나쁜 감정은 꽤 많이 사라졌다. 게다가 이 동네에서 30년이 넘은 노포라는 과장님의 설명을 들으며 순대국밥을 먹다 보니 뭔가 그 전에 먹었던 프랜차이즈 국밥집과는 다른 묘한 맛도 느낄 수 있었다. 그리고 최근 친구들에게 추천받아 본 적 있는 국밥부 장관 가수 성시경의 '먹을 텐데' 유튜브에서 몇 번 본 순대국밥 먹방이 생각나며, 영상을 볼 때는 공감하지 못했던 국밥의 매력을 한 번 더 생각해 볼 수도 있었다.

식사를 마치고 돌아온 A 사원은 화장실에서 양치하면서 자기도 모르게 점심 후 좋은 기분을 느끼고 있는 자신을 발견할 수 있었다. 그 날 있었던 점심은 하나의 현상이었는데 그것을 어떻게 받아들이고 생각하냐에 따라 정반대의 마음 상태를 보여준 A 사원의 점심이었다.

똑같이 하루에 한 번은 점심을 먹어야 하는 직장인 B 부장도 고충이 많다. 예전처럼 점심시간이면 팀원들이 다 같이 나가 밥을 먹고 특별한 일이 아니라면 대부분 가장 선임인 자신이 정하는 메뉴를 따랐던 시기는 벌써 까마득한 옛날이 되었다. 신입사원에서부터 중간간부까지 영역이 넓어진 MZ 세대들의 눈치를 보기 시작한 것이 몇 년 전부터인 거 같은데 코로나를 거치며 점심 식사 각자도생의 길이 본격화된 후 오전 중에 식사 약속을 잡지 못하다 보면 점심시간에 혼자 덩그러니 남아 홀로 쓸쓸히 구내식당을 간 적도 여러 번 있었다.

특히 20여 년 전 B 부장 본인의 사원대리 시절이 떠오를 때면 요즘 후배직원들의 괘씸함과 야속함에 분을 삭일 때도 많았다. 하지만 직장생활에서 산전수전 다 겪은 B 부장은 스스로 마음공부의 노하우를 가지고 있었고 이런 바뀐 세태에 잘 적응하는 것이야말로 유능한 리더라는 것 역시 잘 알고 있었다.

후배들이 점심시간에 자신을 챙기지 않는 것은 시대의 변화에 따라 당연한 현상이었고, 그것이 잘한 일이거나 못한 일이거나 하는 이름표를 붙일 수 있는 일도 아니라고 B 부장은 스스로 마음먹었다. 그렇게 생각을 바꾸고 나니 점심시간을 대하는 자세가 훨씬 달라졌다. 오히려 요즘 나잇살이 붙어 다이어트를 해야 했는데 간헐적 단식을 생각했던 B 부장은 이 일을 계기로 점심시간에 피트니스에서 운동을 하고 편의점에서 파는 삶은 달걀 두 개로 간단히 점심을 대신하기 시작했다. 결과적으로 본인의 건강도 좋아지고 팀원들 개개인의 점심시간의 만족도도 올라가는 결과를 낳았다.

각자 편한 사람들끼리 점심을 먹는 건 일반적인 일이지만, 업무와 관련된 일로 팀원들과 식사를 가끔 해주는 것은 리더들에게 있어 조직관리 차원에서도 필요한 일이다. 최근 끝난 경영전략회의 자료를 작성한 프로젝트 멤버의 수고에 대해 격려의미의 식사자리를 마련하기로 한 C 상무는 이제 어느 정도 익숙해진 방식으로 의견 조율을 시작한다.

먼저 모임의 선임을 통해 점심 식사가 나을지 아니면 술을 겸한 저녁 식사가 나을지 참석자들의 의견을 물어봤다. 곧이어 답은 점심 식사로 돌아왔다. 약속날짜도 본인이 가능한 날짜를 몇 개 준 후 전체 의견을 수렴하여 날짜를 확정했다. 이제는 마지막 결정인 메뉴 선정만 남았다. 한식, 중식, 일식, 양식 등 개인의 취향에 따라 메뉴에 대한 선호도는 각각 다른데 MZ 세대들이 공통으로 좋아하는 메뉴가 있다는 것을 경험을 통해 C 상무는 알고 있었다. 그건 바로 가격이 '비싼 메뉴'였다.

회사 주변 식당 리스트엔 가격에 따라 순서가 은연중 매겨져 있는데 보통 고위 임원들이 식사하거나 외부손님들을 접대하기 위해 가는 식당들은 고가의 메뉴로 구성되어 있다. 그러다 보니 실무층이 대부분인 MZ 세대들은 평소 점심으로 그런 식당들을 자주 가기 어려웠고 그러다 보니 상사들이 식사를 쏠 기회가 있을 때 가장 선호하는 곳이 된 것이다.

처음엔 C 상무도 이런 현실이 못마땅했다. 뷰가 좋거나 사진찍기 좋은 메뉴들이지만 특별히 깊은 맛이 있는 식당도 아니었기에 처음엔 회사 주위의 역사와 전통을 자랑하는 노포들을 소개해주는 것이 좋다고 생각했다. 하지만 몇 번 데려간 노포들에 대한 반응은 영 좋지 않았다. 처음엔 의아하기도 하고 자신의 호의를 못 알아봐 준 직원들이 야속하기도 했다. 하지만 한 번 더 그들의 관점에서 생각하고 보니 이해되는 일이기도 했다.

우선 노포의 메뉴는 후배들이 좋아하는 음식이 아니라, C 상무 자신이 좋아하는 메뉴였다. 더군다나 노포의 특성상 그 식당은 자리가 불편하고 회전율이 높아 음식을 먹으며 대화를 하기도 지극히 어려운 곳이었다. 결국, 말없이 밥만 허겁지겁 먹을 수밖에 없었고 식사 중 있었던 최소한의 대화도 C 상무가 일방적으로 말하는 형태라 같이 간 후배직원들은 불편할 수밖에 없는 자리였다.

우리가 일상생활에서 자주 듣지만 가장 실천하기 어려운 말 중 하나가 역지사지(易地思之)다. 나의 생각, 내 마음조차 참나가 아닌 가짜 나, 에고가 지배하는 상황에서 내가 아닌 남의 처지를 생각해 보는 것은 범인들에게 결코 쉬운 일이 아니다. 그러나 요즘 같은 세상에서 카리스마형 리더가 발붙일 곳은 거의 없다. 공감 능력이 리더들에게 가장 필요한 덕목이 된 지 오래며 이를 바탕으로 한 소통이나 감성 리더십이 리더가 갖춰야 할 필수 덕목이 되었다.

다행히 C 상무의 마음공부는 이미 개인의 정신수행을 뛰어넘어 남들과의 관계에서도 긍정적인 효과를 발휘하는 단계에까지 와있었고 상대방과의 공감을 바탕으로 이를 실천하는 결과까지 이루어냈다. 그래서 자신의 의견만을 생각하기보다 자신이 격려의 의미로 초대한 후배직원들의 의견을 생각하다 보니 '평소 가기 힘든 비싼 메뉴'가 이번 점심 메뉴선정의 정답임을 알게 된 것이다. 그렇게 비싼 식당을 점심 장소로 추천하자 참석자들 사이에선 환호가 나왔다.

식당을 방문하여 주문한 메뉴가 나오자 후배들은 사진을 찍고 그 사진을 주제로 얘기를 시작한다. 룸으로 되어 있고 인테리어도 쾌적하기에 대화를 나누기에도 더없이 좋은 환경이다. 자연스럽게 후배들이 먼저 대화를 하기 시작했고 업무 얘기와는 전혀 관련 없는 그들의 관심사, 현재의 고민 등등 개인적인 얘기들을 나누며 직원들 간의 라포(Rapport)를 형성한다. 식사 마무리 디저트가 나오고 모든 식사를 마무리할 때 즈음 경영전략회의 자료를 성공적으로 만들어준 팀원들에게 수고와 감사의 말을 전한다. 결국, 일과 관련된 얘기는 1분 남짓이었다. 하지만 그 한 시간의 점심시간은 MZ 후배직원들에겐 더없이 좋은 경험이며 최고의 동기부여 자리로 인식되었다.

직장인의 회식

회식은 말 그대로 같이 모여 식사하는 행위다. 그중에서 1차 관계인

가족 간의 식사가 아니라, 2차 관계인 직장, 모임, 단체, 학교 등에서의 식사를 말한다. 회식은 그 단체의 친목과 화합을 목적으로 이루어지는데 한국인들의 회식엔 술이 대부분 포함된다. 따라서 한국인에게 회식이란 좀 더 정확히 얘기한다면 단체에 소속된 사람들이 다 같이 모여 식사하며 술 마시는 행위라고 할 수 있다. 물론 요즘은 술이 아예 빠진 저녁만 먹는 회식이거나 영화를 보거나 볼링을 치는 문화활동으로 회식을 대체하는 예도 많은데, 이것은 일반적인 한국 직장인의 인식과는 다른 액티비티형 회식이다 보니 여기서 얘기하는 회식과는 좀 다른 범주라고 할 수 있다.

술이 들어가다 보니 술에 대한 개인적 선호도에 따라 회식을 선호하는 사람들과 선호하지 않는 사람들이 극명하게 나뉜다. 물론 술을 좋아한다 하더라도 회식 참여자들과의 친밀도에 따라 선호도가 차이 나기도 한다. 모임 내 부담스러운 어르신들과의 자리라던가 평소 좋지 못한 감정을 가진 사람들과의 회식 자리는 아무리 술을 좋아하는 사람이라도 꺼려지는 것은 당연한 일이다.

이런 형태의 회식에 참여라는 요청을 받았을 경우 참석하지 않아도 크게 티가 나지 않는 자리라면 예의 있게 다른 사정을 설명하고 참석하지 않는 것이 낫다. 요즘은 '무조건 필참'이라는 군대 문화가 없어진 지 오래라 모임에서도 충분히 사정을 이해해주는 분위기는 된다. 반면 어쩔 수 없이 참석해야 하는 경우엔 말 그대로 어쩔 수 없으니 마음공부 하는 셈 치고 참석하여 1차 정도만 자리를 채워주고 나오는 게 좋다.

세상일이 마음대로 되는 것이 어디 있는가? 하기 싫은 일도 견디며 해내는 것이 인생이거늘 그냥 밥 한 끼 먹으며 무던한 인간관계를 유지한다는 생각으로 참여하면 크게 힘들지도 않다. 단, 내키지 않게 참여한 상황이기에 술은 평소 주량보다 적게 마시는 것이 좋다.

한동안 나는 요즘 젊은 세대는 회식을 좋아하지 않는다는 선입견을 품고 있어서 입사자 축하나 연말 송년회, 프로젝트 종료 등 공식적인 자리를 제외하곤 회식을 자제한 적이 있었다. 그러던 중 팀장 한 명으로부터 자기 팀 신입사원들은 회식을 좋아하는데 내가 한번 해 줄 수 없냐는 요청을 받았다. 특정 직군의 신입사원들이 많고 특히 여자 사우들이 많은 팀이라 그 이유가 궁금해 물어봤다. 그 팀장은 자기 팀에선 술을 억지로 먹이는 문화가 없고 그러다 보니 신입사원들은 그냥 회사비용으로 맛있는 고기 먹는 날로 회식을 생각해서, 회식을 좋아한다고 답을 했다.

며칠 뒤 팀장의 요청대로 팀 회식을 진행했는데, 맥주 한두 잔만 마시며 이런저런 수다를 떨며 웃고 떠드는 젊은 사원들의 모습을 보고 '내 선입견으로 이 친구들이 좋아하는 회식을 자주 못 했구나.'라고 반성하게 되었다. 대부분 술이 등장하는 것이 한국 직장인들의 회식인데 술을 강권하지만 않으면 즉, 먹을 사람은 먹고 먹지 않을 사람은 먹지 않을 선택권만 있다면 MZ 세대들에게도 회식은 나쁜 직장 경험이 아니란 생각이 들었다.

술에 대한 선호도에 따라 회식 참여자들을 참 음주인, 비 음주인, 그리고 거짓 음주인으로 사람들을 분류하곤 한다. (이는 순전히 개인적인 구분임을 다시 밝힌다.) 먼저 참 음주인은 말 그대로 술 마시는 것을 진정 좋아하는 사람들이다. 당연히 술을 권할 필요도 없다. 그들은 '술을 좋아하지 않는 사람에겐 권하지 말자.'라는 그라운드룰만 사전에 공유되면 안 마시는 사람을 귀찮게 하는 일도 없다. 오히려 이 좋은 걸 왜 싫다는 사람 억지로 주냐는 마인드라 매우 평화적인 술자리를 만들어 나간다. 하지만 참 음주인들 중에서도 초급레벨들은 본인 주량을 제어하지 못해 취하는 경우가 종종 있어 이런 부분은 선배 참 음주인들의 지도편달이 필요할 때도 있다. 고급레벨의 참 음주인들은 술을 잘 마신다는 것이 많이(much) 마시는 것이 아니라 잘(well) 마시는 것이란 걸 알고 있다. 자기 주량에 따라 술의 양을 조절할 줄 아는 것은 물론 더 나아가 대화가 한 명에게 집중되지 않게 분위기를 적절하게 만들어 나가기까지 한다. 참 음주인들은 술은 물론 고기를 잘 굽는 핵심역량도 갖춘 사람들이 많다.

벌써 10년도 전 일인데 가끔 회식하다 보면 신입사원들을 포함한 사원급들이 삼겹살을 잘못 굽고 있다는 사실을 발견한 적이 있었다. 내 사원 시절을 생각해 보면 입사 초기부터 회식 시 불판 옆에서 삼겹살 굽기를 전담했었다. 그러다 보니 대리급 정도 되면 삼겹살 굽는 스킬이 일취월장하여 직장에선 물론 가정에서까지 그 실력을 높게 평가받았다. 당시 사원들의 고기 굽기 역량이 많이 부족하다고 판단한 나는 본부 내 OJT 목적으로 사원들을 대상으로 고기 잘 굽는 법에 대한 회식 겸 강의를 진행하였다. 본부 내 고기 굽기 장인으로 유명한 과장 2명을 섭외하여 돈육과 우육 2가지 코스로 진행했다. 그 자리에서 어떤 대화들이 오갔는지 지금은 잘 기억나지 않는다. '돼지고기는 비계 부분을 꼭 포함시켜서 자르라.'든가 '소고기는 육즙이 올라올 때 한 번만 뒤집어 먹어라.' 같은 기본적인 스킬들을 시연과 함께 가르친 것 같은데, 그 과장 중 한 명이 했던 말이 지금도 기억난다.

고기 굽는 것은 결국 관심이다. 기술적으로 잘 굽는 것도 중요하지만 먹고 있는 사람들이 어떤 상태인지를 관찰하며 구워가는 것이 가장 중요하다. 팀원들의 배가 불러옴에 따라 어느 정도로 굽기 속도를 조절해야 하는지, 삼겹, 오겹, 항정살을 어떤 로테이션으로 추가 주문 할 것인지, 부장님의 취향이 김치 굽는 걸 좋아하는지, 아닌지 등등 먹는 사람들에게 끊임없이 관심을 가지는 것이야말로 고기를 잘 굽는 것의 핵심이란 것이다. 지금도 그때 그 과장이야말로 참 음주인의 표상이 아닐까 생각한다.

비 음주인들은 유전적인 이유나 종교적인 이유 등 어떤 이유로든 술을 마시지 않는 사람들을 말한다. 술을 마시지 않는 사람임에도 회식에 참여했으면 그 의사를 존중해주고 오히려 고마워하는 게 맞다. 알코올 섭취를 원하지 않는 사람들이기에 맥주 한잔 정도는 어때 하며 권하는 행위도 옳지 않다. 같이 건배할 수 있게 음료수만 따로 주문해주고 다 같이 맛있게 고기 먹고 얘기하며 식사하면 충분하다.

문제는 술을 마실 수는 있으나 좋아하지는 않는 거짓 음주인 부류다.

이들은 술을 마실 줄 아는 것은 물론이고 그중 일부는 한번 마음먹고 마시면 회식 참여자들을 다 취하게 할 정도의 말술 실력을 보이기도 한다. 단 이들은 술 마시는 것을 좋아하지 않는다. 업무적으로 필요해서 술을 마시는 것이지 참 음주인들과 달리 자신들이 찾아서 술을 마시진 않는다. 아이러니하게도 술을 잘 마실 수 있는 DNA는 충분히 갖추었으나 술자리 참여빈도가 낮다 보니 간 건강이라거나 알코올 해독의 측면에서 참 음주인들을 월등히 앞서는 경우가 많다. 2점대 방어율에 연간 15승을 달성할 자질을 갖춘 투수가 한 달에 한 번만 등판한다면 그 어깨가 얼마나 튼튼할 지와도 매우 유사한 상황이라 할 수 있다.

문제는 비 음주인의 경우는 술을 아예 못 마시기 때문에 아무도 술을 권하지 않지만, 거짓 음주인들은 술을 잘 마실 수 있는 능력이 있다는 것이 알려져 있으므로 주위에서 술을 강권하는 경우가 종종 생긴다. 특히 지난번 회식에서 끝까지 살아남아 팀원들 다 택시 태워 보낸 사실을 기억하거나 회식 다음 날 전혀 숙취 없이 꼿꼿한 모습을 본 적 있는 참 음주인들 중 일부는 노골적으로 이들에게 술을 더 권하기도 한다. 하지만 이것이야말로 즐거운 회식 자리를 위해서 절대 삼가야 할 일이다.

거짓 음주인은 말 그대로 음주인이긴 하나 술을 좋아하지 않는 거짓된 음주인이다. 술 마시는 것을 좋아하지 않으며, 그들 중 일부는 술 마시는 것을 싫어하는 사람도 있다. 좋은 스테이크에 와인을 페어링 하거나 스포츠 경기를 볼 때 맥주 한 캔 하는 것은 기호식품으로 즐기지만 취하기 위해서 여러 병의 술을 마시거나 2차, 3차로 이어지는 술자리에는 심한 거부감을 가지고 있는 이들이 바로 거짓 음주인들이다.

그러므로, 술을 잘 마실 수 있는데 왜 안 마시냐는 걸로 시비를 걸기보다는 술을 싫어하지만, 분위기에 따라 같이 마셔주는 것에 대해 오히려 감사하게 생각해야 한다. 그들이야말로 조직이나 단체의 분위기나 화합을 위해 희생하는 진정한 동료라고 할 수 있다. 거짓 음주인에서 거짓이란 단어가 부정적 의미를 띄고 있어 마치 좋지 않은 행동을 하는 사람들로 오해하는 경우도 있지만, 이는 오해하면 안 될 일이다. 음주인이란 말이 긍정도 부정도 아닌 그냥 하나의 모습이기에 그 모습을 지니지 않은 사람이라는 의미로 거짓이란 접두어가 붙었다고 생각하면 좋겠다.

직장인의 산책

직장에서 비흡연자들의 불만 사항이 하나 있다. 그것은 바로 흡연자들이 하루 일과시간 중 흡연하는 데 보내는 시간이 생각보다 길다는 것이다. 대기업 고층빌딩에서 근무하는 직장인의 경우 엘리베이터를 타고 흡연장으로 이동하는 데 걸리는 시간과 담배를 피우는 데 들어가는 시간을 합친다면 보통 15분은 걸린다. 사람에 따라 다르겠지만 오전에 두 번, 오

4. 먹고 마시고 대화하고 사색하라

후에 두 번 흡연을 위해 자리를 비운다면 하루로 따지면 정확히 한 시간이다. 하루 근무시간을 8시간으로 볼 때 1/8을 흡연시간으로 낭비된다.

아무래도 팀에서 눈치를 덜 보고 흡연하러 가는 사람들은 팀장이나 간부급이 대부분이다. 그러다 보니 흡연 확률이 적은 여 사우나 흡연자지만 눈치가 많이 보이는 주니어들은 이런 근무지 이탈의 불평등함에 대해 불만이 있을 수밖에 없다. 특히 월급에 실 근무시간을 나눈 시급 환산 정도까지의 공정함을 원하는 MZ 세대들의 경우 비흡연자라면 이에 대한 불만이 갈수록 쌓이게 된다. 그렇다고 담배를 배울 수는 없는 노릇이고 그냥 두고 보자니 불만은 점점 커간다. 이런 분들이 있다면 그 대안으로 회사 주변을 산책해 보는 것을 권하고 싶다.

나는 운 좋게도 청계천 주변에서 근무한 적도 있고 한강공원 옆에서 근무한 경험도 있다. 이런 훌륭한 지리적 조건을 갖춘 분들이라면 더더욱 그 멋진 인프라를 이용해야 한다. 특히 오후 서너 시 경이면 에너지도 고갈되고 몸과 마음이 지쳐가고 있을 때인데 이즈음이 산책하기에 아주 좋은 시간이다. 이 시간에 당 떨어진다고 간식을 드시는 분들이 있는데 간식보다는 산책하며 신선한 공기를 마시는 것이 훨씬 심신을 리프레시 하기 좋은 방법이다.

주위에 청계천이나 한강 같은 곳이 없어서 못 한다고 하는 사람들도 있지만, 그것은 핑계고 주위를 찾아보면 의외로 산책하기 좋은 곳들이 많다. 서울 시내에는 동네마다 작은 공원이나 쉼터가 있기도 하고 주위에 아파트 단지가 있다면 단지 내 조경들도 산책하기에 좋은 뷰를 선사한다. 내가 근무했던 63빌딩은 바로 앞이 한강 둔치 공원이라 접근성이 좋았지만 내가 오히려 자주 산책을 했던 곳은 여의도 시범단지 아파트였다. 시범단지는 대표적인 서울의 재개발 대상 아파트인데 재개발 대상이라는 것은 그만큼 준공 연수가 오래되었다는 것이고 오래된 아파트일수록 건폐율이 낮아 녹지가 넓게 조성되어 있다. 특히 시범단지 아파트는 여의도라는 특성상 벚꽃 나무가 많았고 벚꽃이 흐드러지게 피는 4월의 열흘 정도는 최고의 벚꽃 거리에서 산책할 수 있다는 것이 출근의 가장 큰 기쁨이 되기도 했다.

2월까지의 겨울 추위가 지나고 난 후 3월 초부터는 본격적인 산책을 시작했다. 삼일절 휴일이 지난 3월 2일이 되면 승진자 발표 후 새로운 직급이 부여된 첫날이기도 하고 학생들의 경우 학교도 새 학기가 시작된 날이라 뭔가 새로운 시작의 느낌이 강하게 든다. 3월 초 여의도 시범단지 아파트엔 먼저 목련이 꽃망울을 보이기 시작한다. 한겨울의 추위를 이겨내고 점점 부풀어 오르는 꽃망울을 보면 생명의 강인함과 함께 어떤 어려움도 이 또한 지나가는구나 하는 깨달음을 얻기도 했다. 하루하루 지날수록 나뭇잎은 녹색으로 변해가고 이어서 목련이 만개하고 개나리도 옆에서 노란색을 발하기 시작한다. 산책의 가장 큰 장점은 꽃이나 나무를 보며 무념무상 할 수 있다는 것이다.

우리는 회사에서 일하며 많은 걱정과 고민을 달고 산다. 그것은 기획

4. 먹고 마시고 대화하고 사색하라

안을 작성할 때의 풀리지 않는 아이디어일 수도 있고 인간관계 속에서 오는 괴로움일 수도 있다. 사무실 책상 앞에 앉아있으면 아무리 부정적 감정을 지우려고 해도 마음대로 쉽게 사라지지 않는다. 그럴 때가 바로 다른 공간으로의 이동을 통해 비자발적으로 솟아오르고 있는 안 좋은 감정을 떨쳐 버려야 할 때이다.

산책할 때는 다른 생각을 하지 말고 의식적으로 그 시즌에 가장 아름답게 피어 있는 꽃에만 집중해 보자. 봄에는 목련, 개나리, 벚꽃이, 여름엔 라일락과 장미가 가을엔 은행잎과 단풍이 있다. 그 꽃들을 아무런 생각하지 않고 바라만 보다 보면 마음도 점점 고요해짐을 알 수 있다. 자연이 주는 아름다움 앞에 그리고 자연이 가지고 있는 그 생명력 앞에 한 인간으로서 겸허해짐도 같이 느낄 수 있다.

아무리 혹독한 추위와 비바람에도 자연은 늘 그 시기가 되면 언제 그랬냐는 듯 같은 모습으로 돌아온다. 그런 자연을 보고 있노라면 내 안에 있는 많은 고민과 걱정들이 하찮은 것들이란 생각이 들게 된다. 그동안 생각하지 못했던 꽃의 아름다움도 새로이 느낄 수 있었다. 먹지도 못하는 것을 왜 살까 하는 것이 꽃에 대한 중년의 아저씨 마음이었는데 마흔 중반이 넘어가며 여성 호르몬이 많이 생성되기 시작해서인지 꽃의 아름다움을 새삼 발견할 수 있었다.

털북숭이 같은 꽃망울을 뚫고 피어나는 하얀 목련이 얼마나 우아한지, 벚꽃으로 나뭇가지에 달린 모습도 좋지만, 봄바람에 봄비처럼 하늘로

흩날리는 떨어진 벚꽃 잎이 얼마나 아름다운지도 산책을 통해 경험하게 된다. 너무 평범하지만, 그 안에 존재하는 절대적인 아름다움을 볼 수 있다면 사람들은 경외감을 느끼게 된다. 그것을 소유하고 싶은 마음은 눈곱만큼도 없이 그냥 그 존재를 바라보는 것만으로도 마음이 정화됨을 느낄 수 있다.

그렇게 회사 주변에서의 산책에 익숙해지면 명상과 마음 수련을 하기 위해 굳이 요가학원이나 템플 스테이를 갈 필요가 없다는 것도 알게 된다. 우리 직장 바로 앞에 최고의 공간들이 준비되어 있기 때문이다. 그리고 하나 더 좋은 점이 있다. 흡연자들이 담배 피우며 무노동 유임금 하는 하루 한 시간을 비흡연자들은 하루 약 이삼십 분 정도의 산책을 통해 보상받을 수도 있다는 것이다.

혼밥의 매력

만화를 원작으로 하는 일본 드라마 '고독한 미식가'는 2012년에 시작, 현재 시즌 10이 진행 중이며 한국 케이블TV에서도 꾸준히 방영되고 있는 인기 드라마다. 한국에서도 먹방의 인기와 함께 미식 드라마가 몇 개 상영된 바 있는데, 이 '고독한 미식가'의 특별한 점은 미식보다는 '고독한'에

　　　　　　　4. 먹고 마시고 대화하고 사색하라

방점이 찍혀 있다는 점이다.

고독한 미식가의 인트로 영상에는 다음과 같은 내레이션이 매번 등장한다.

> "시간이나 사회에 구애받지 않고 공복감을 느낄 때 그 순간, 그는 자제력을 잃고 자유가 된다. 누구에게도 방해받지 않고 신경 쓰지 않고 음식을 먹는 마음에서 우러나오는 행위. 이 행위야말로 현대인에게 평등하게 주어진 최고의 치유다."

코로나 시대를 거치며 많이 바뀌긴 했으나 한국에선 아직도 혼자 식사하는 행위를 좀 꺼리는 문화가 남아있다. 하지만 일본은 물론 미국이나 유럽 같은 서구 사회에선 직장내에서 점심을 혼자 먹어도 아무런 이질감을 느끼지 않는 분위기가 형성돼 있다. 사실 혼밥의 장점은 경험해 볼수록 매우 많다. 나도 40대 초반부터 별다른 약속이 없으면 혼밥을 했다. 그 첫 번째 이유는 다이어트였다.

40이 넘어서면서부터 평상시와 비슷한 식습관을 유지해도 살이 좀 붙는 것을 느끼기 시작했다. 아무래도 나이를 먹어감에 따라 신진대사량이 떨어지면서 먹는 만큼의 칼로리를 일상생활을 통해 태우기 어려워지기 시작했다. 결국, 회사 앞 피트니스 센터를 등록하여 점심시간엔 먼저 운동을 하고 나머지 시간에 구내식당으로 가서 샐러드나 단백질 위주의 간단한 식사로 혼밥을 했었다.

처음엔 다이어트를 위한 운동이 주목적이라 간단한 점심은 오후 허기를 줄여주는 것이 주목적이었는데, 혼밥을 계속하다 보니 혼자서 밥을 먹는 행위의 매력을 점점 느낄 수 있었다. 우선 메뉴에 대해 상대방 눈치를 볼 필요가 전혀 없다는 점이다. 회사 내에서 개인은 자신의 직급이 리더이든 사원이든 간에 어쨌든 구성원 중의 한 명이고 같이 점심을 먹으면 온전히 자신의 의지에 따라 메뉴를 선정하기는 불가능하다. 당연히 남의 의견도 고려할 수밖에 없는 것이 현실이다.

당시는 운동하는 것이 점심시간의 주목적이라 식사는 간단히 하고 싶었고 그러기엔 점심시간이 끝날 무렵의 줄 서지 않는 구내식당에서의 간단한 식사가 최적의 메뉴였다. 혼밥이 익숙해지자 다른 형태의 변주도 가능해졌다.

그때 회사는 종로2가 청계천 변에 있었는데 모두 알다시피 그 주변은 노포와 맛집의 성지다. 저녁에 소주 한잔하기도 좋은 곳이지만 직장인들의 점심 겸 해장으로도 더할 나위 없는 곳들이 많다. 가끔 운동이 지루해지거나 날씨가 너무 좋은 봄과 가을의 점심은 피트니스 대신 청계천 변을 걷는 것으로 운동을 대체했다. 청계천 장통교에서 시작해 광장시장 앞 마천교까지 찍고 오는 왕복 40분 정도의 코스는 직장인들의 점심 산책 코스로 너무 훌륭했다.

돌아오는 길에 점심 장사의 정점이 지난 식당들을 하나하나 돌아가며 방문해 봤다. 을지면옥의 평양냉면, 안성집의 냉국수, 동원집의 감자탕, 대련집의 칼국수, 황소고집의 돼지불백, 안동장의 짬뽕 등등 서울 시내에서 근무하는 직장인들이 정말 맘먹어야 갈 수 있는 전설의 노포들을 청계천 산책 후 조용히 들러 혼자 먹고 오는 즐거움은 '고독한 미식가'의 '고로상' 못지않은 행복이었다.

익선동이 지금은 힙지로와 어깨를 나란히 하는 핫플레이스가 되었지만 10여 년 전엔 정말 아무것도 없는 옛 모습 그대로의 좁디좁은 한옥 골목이었다. 그 한옥 골목 안에 있는 삼천 원짜리 백반을 파는 수련집과 낙원상가 초입의 송해 해장국으로 유명한 이천 원짜리 소문난 해장국도 혼밥으로서 기억에 남는 음식들이다. 물론 이 두 식당은 가격이나 시설이 워낙 특별해서 개인별 호불호가 있는 편이다 보니 직장인의 점심일 경우 혼밥이 아니면 가기 쉽지 않았고 그래서 더 특별한 메뉴로 기억한다.

운동 목적으로 혼밥을 시작했지만, 곧 혼밥의 매력에 빠져버렸다. 마침 당시 분위기가 〈90년대생이 온다〉라는 책이 베스트셀러가 되는 등 개인 생활에 가치를 두는 MZ 세대들이 회사문화의 변혁을 불러옴에 따라 점심시간 각자도생의 시간도 본격화하기 시작했을 때였다. 그러다 보니 나의 혼밥은 함께 근무하는 팀원들도 서로 만족하는 윈윈의 시간이 됐던 거 같다. 어느 순간 나도 모르게 고로상이 얘기한 '누구에게도 방해받지 않고 신경 쓰지 않고 음식을 먹는 행위, 이 행위야말로 현대인에게 평등하게 주어진 최고의 치유'라는 점을 느끼게 되었다.

따라서, 혼밥을 하며 음식에 집중하고 여러 잡념을 버리고 오로지 지금 현재 먹는 행위에 집중하는 것은 직장생활 속 마음건강 수행방법으로 으뜸이라는 것을 강조하고 싶다.

혼술의 매력

혼자 술 마신다는 것은 알코올 중독자의 일반적인 모습이나 아니면 사회적 폐인들의 모습으로 흔히 그려져 왔다. 하지만 근래 들어 특히 젊은 층을 대상으로 혼자 바에서 위스키 한 잔을 하거나 퇴근 후 샤워하고 맥주 한 캔 하는 것이 나름의 쿨함으로 받아들여지고 있기도 하다.

혼밥에 이어 혼술이라는 용어도 자연스레 쓰이고 있다. 특히 코로나를 거치며 사회적 거리 두기를 하거나 재택근무를 계기로 혼밥에 이어 혼술도 꽤 보편적인 문화로 정착되고 있는 듯하다. 국밥에 소주 한 잔은 원래부터 있었던 아저씨들의 문화이자 프랑스인들이 저녁 식사자리에 와인 한잔하는 것과 유사한 느낌의 페어링이라 요즘 얘기하는 혼술과는 좀 결이 다르다.

MZ 세대들 위주로 유행하는 요즘의 혼술 방식은 드디어 한국에서도 술의 '맛'을 즐기기 시작했다는 것에 의미가 있기도 하다. 한국인들 술 습관이 서양사람들과 크게 다른 점은, 바로 안주의 맛이 메인이고 술의 맛은 그리 크게 중요시되지 않는다는 데 있다.

삼겹살이나 갈빗살 같은 육류를 먹든 참치회나 광어회 같은 생선회를 먹든 부대찌개나 김치찌개 같은 찌개류를 먹든 일단은 안주가 미각의 메인으로 정해지고 나머지 소주나 맥주는 취기를 돋우기 위한 보조 역할을 주로 담당한다.

한국의 희석식 소주가 맛이 없다는 것은 거론의 여지가 없는 사실이다. 맛이 좋고 나쁨의 문제가 아니라 맛 자체가 없다는 조롱을 당하기까지 한다. 희석식 소주야 그렇다 치더라도 한국 맥주의 맛조차 형편없다는 평을 외국인들에게 들을 때면 한국 주류산업에 문제가 있는 게 아닌가 하는 생각까지 든다.

하지만 한국 맥주의 맛 역시, 술이 안주를 거들 뿐인 한국인들의 음주 문화에서 비롯된 것이다. 맥주의 풍미를 잘 살리는 진한 맛의 올몰트 맥주는 한국에서 인기를 끌지 못한다. 반면 목 넘김이 좋은 청량감을 지니며 특히 소주랑 섞어 소맥을 만들었을 때 당도가 살짝 올라가는 아메리칸 라이트 라거 브랜드들이 한국 맥주 시장에서 주류를 이룬다. 이 같은 현실은 한국에서 술 자체의 맛이 얼마나 간과되고 있는지를 보여주는 대표적인 현상이다.

하지만 최근 술 문화가 취하기 위해 마시는 것이 아닌 술의 맛과 분위기를 즐기는 것으로 바뀌고 있어 술맛에 대한 한국인들의 태도까지 변화하고 있다. 특히 안주가 메인이 아니라 보조가 되거나 심지어 안주 없이 한두 잔의 술을 즐기는 혼술 문화가 젊은 세대를 중심으로 퍼지고 있다. 바닐라 향, 초콜릿 향, 견과류 맛 등 기존 한국 술에선 들을 수 없었던 맛과 향을 위스키와 와인을 통해 경험할 수 있게 되었고 농향, 장향, 청향 같은 향을 그 독한 줄로만 알았던 중국 고량주를 통해 느낄 수 있게 되었다. 세계여행이 일상화되며 일본 생맥주, 유럽 각 나라의 맥주, 그리고 의외의 매력을 지닌 동남아 맥주까지 맥주에서도 고유의 맛을 즐기기 시작했다.

혼술을 통해 안주의 무게가 가벼워질수록 이제 한국에서도 술의 맛을 더 강렬히 경험할 수 있게 되었다. 나는 싱글몰트 위스키 전용 잔으로 알려진 글랜캐런 잔을 활용하여 한국 전통 증류주를 종종 맛보기도 한다. 글랜캐런 잔은 와인잔보다는 작지만, 아래가 넓고 위가 오목하여 술의 향을 더 즐길 수 있는 잔인데 한국 전통 증류주의 또 다른 풍미를 느끼게 해주는 좋은 도구다. 희석식이 아닌 전통 증류주의 종류가 생각보다 너무 다양하고 훌륭한 맛과 향을 지니고 있어 혼술을 즐기기에 절대로 위스키나 와인에 뒤지지 않는다는 생각이다.

혼술은 타인으로부터 아무런 방해를 받지 않는 나 혼자만의 시간이기에 혼술을 즐기는 동안 마음의 안정을 찾는 이도 많다. 혼술하며 술의 맛을 음미하기 시작하면 자연스레 신경세포가 한군데 집중하게 되고 그 순간이 나도 모르는 사이에 '현재'에 오롯이 존재하는 시간이 된다. 술은 속

4. 먹고 마시고 대화하고 사색하라

성 자체가 알코올을 함유한 액체다 보니 그 향과 맛을 느끼려 한다면 그 순간 다른 감각기관은 잠시 쉬게 하고 오직 혀와 코에만 모든 감각을 집중해야 한다.

우리가 명상 호흡법에서 그러하듯 또는 현재에 집중하는 참선에서 그러하듯 술의 맛과 향을 느끼기 위해 집중을 하는 순간 다른 잡념과 생각의 재잘거림은 멈추고 지금 이 순간, 현재만이 존재함을 경험할 수 있다. 명상을 위해 조용한 음악을 듣거나 수면을 위해 ASMR을 듣는 것과 같이 혼술 중 자신이 좋아하는 음악을 같이 듣는 행위도 마음의 평온함과 잡념의 중단을 가져오는 훌륭한 도구다. 미각, 후각을 넘어서 청각까지 술의 맛에 집중하게 되는 것은 다른 어떤 명상법 못지않은 현재에 머무르는 좋은 수행방법이다. 이처럼 혼술하는 행위를 통해서도 우리가 관심만 가지고 있다면 언제든 마음 수행을 할 수 있다.

여의도 노포에서 배운 것

서울의 식당가 중 노포는 대부분 중구나 종로구에 몰려 있다고 알고 있지만 의외로 여의도에도 노포가 많다. 오래된 맛집을 의미하는 노포의 개념을 Since 1950, 1960에만 국한하지 않고 Since 1980까지 확장한다면 여의도엔 제법 많은 노포들이 존재한다는 뜻이다.

　여의도 노포들의 특징은 대부분 오래된 상가건물에 몰려 있고 그러다 보니 점심시간엔 직장인들이 줄을 서서 먹지만 저녁엔 술손님들이 많지 않다. 이에 여의도로 근무지를 옮기고 난 후, 여의도 맛집을 '상가 맛집'이라 정의한 뒤, 점심시간에는 손님들로 붐비지만 저녁에 한가한 식당부터 시작해서 맛집 탐방의 형태로 방문하곤 했었다.

　40년 이상 내공이 쌓인 식당이라서 김치를 비롯한 기본 반찬들의 주인장 손맛은 이미 대가의 수준에 오른 곳이 많았고 특히 저녁엔 예약 없이도 언제나 방문할 수 있다는 장점이 있었다. 진정한 음주인은 점심을 먹을 때 '이 메뉴로 소주 한잔하면 끝내주겠다.'라는 생각을 많이 하곤 하는데, 여의도 상가 맛집에서 저녁 식사를 하게 되면 이 같은 상상을 현실로 만들 수 있는 값진 경험도 할 수 있다.

　내가 좋아하는 여의도 상가 맛집 중에 '상은북어국'이라는 식당이 있다. 이 집은 상호에서 알 수 있듯 여의도 직장인들의 해장을 책임지는 곳으로, 안타깝게도 오전 6시부터 오후 3시까지만 영업해서 저녁 식사의 묘미는 즐기기 어려운 집이다. 상은북어국은 황태국, 아욱국, 김칫국, 동태탕의 네 가지 메뉴를 제공하는데 하나하나가 전날 과음에 시달린 직장인들의 속을 다스려 주는 훌륭한 음식들이다. 한 명의 여의도 직장인으로서 상은북어국에서 속 쓰림의 효용성을 경험하던 나는 식사도 마음공부의 일환이라 생각하고 북엇국의 맛과 질감에 집중하곤 했다.

평소처럼 식사 메뉴에만 집중하던 어느 여름날 점심, 이 집에서 식사 주문 시 나오는 스뎅 그릇에 얼음을 동동 띄운 보리차에 시선이 갔다. 전날 과음으로 갈증이 심한 상황에서 얼음 동동 띄운 냉수를 보는 것도 반가운데 그것도 맹물이 아니라 보리차라니! 그제야 이 집의 메뉴판을 다시 보게 되고 주인장이 얼마나 고객의 처지를 고려하여 메뉴를 탁월하게 선정했는지 알게 되었다.

당시 브랜드와 마케팅 일을 담당하고 있었기에 마케팅 측면으로 더 연관되어 생각해 보았다. 전날 과음으로 해장국집을 찾은 고객은 메뉴 결정에서 한두 가지 고민을 순간적으로 하게 된다. 그 중 첫 번째는 '빨간 국물인가? 하얀 국물인가?' 하는 것이고, 두 번째는 '동물성인가? 식물성인가?' 하는 것이다. 이는 전날 어떤 안주나 어떤 주종으로 술자리를 가졌느냐와 깊은 연관성이 있다.

보통 맵고 짠 음식을 먹은 다음 날은 하얀 국물이 선호되고 단백질 성분이 많았거나 기름진 안주였다면, 다음날 해장으로 식물성이 선호되는 경우가 많다. 이런 관점에서 본다면 하얀 국물류에는 북엇국, 아욱국, 빨간 국물류에는 김칫국, 동태탕을 배치해 놓고, 이는 자동으로 또 다른 순열조합인 동물성엔 북엇국, 동태탕, 식물성엔 아욱국, 김칫국으로 매치 메이킹 된다. 실로 이 집 메뉴는 고객의 니즈를 정확히 반영한 결과가 아닐 수 없다. 스뎅 그릇에 얼음 동동 보리차부터 시작해 개별 고객 맞춤형 메뉴까지 해장국 한 그릇에서도 마케팅의 많은 부분을 배울 수 있었다.

우리가 마음공부를 할 때 '현존'한다는 것의 해석과 실제 적용에 어려움을 많이 겪는다. 현존은 과거나 미래에 대한 고민과 걱정을 버리고 현재의 삶을 살라는 것인데 그 현존에 가장 적합한 방법이 바로 지금 순간에 집중하는 것이다. 회사에서 보고서를 만들 때도 그렇고 편의점에서 알바를 할 때도 마찬가지다. 그 일에, 그 순간에 집중하게 되면 자연스레 현재의 삶을 살게 된다.

직장인의 점심시간에는 음식에 집중하기도 하지만 가끔은 그 식당에 관심을 가져보는 것도 재미있다. 앞서 얘기한 북엇국 집처럼 이 집의 메뉴는 어떻게 구성되었을까? 밑반찬은 며칠에 한 번 종류가 바뀌나? 그 외 서비스는 무슨 장단점이 있을까? 등등 한 번 집중하고 관찰해보는 것도 좋다. 의외로 보이지 않던 것들이 보이고 사장님의 마인드가 무엇일지 생각하게 되고, 고객들이 원하는 것이 무엇이었을까도 예상하게 된다.

회사업무 중 기획서를 작성할 때는 논리력이 중요하고 마케팅 안을 만들 땐 창의력이 더 필요하다고 흔히 얘기한다. 논리력과 창의력은 타고나기도 하지만 업무 경험과 평소 삶의 습관을 통해 길러지기도 한다. 점심시간에 식당을 한 번 관찰하고 그와 관련된 여러 가지를 생각해 보는 건 현재에 집중하기 위한 수행일 수도 있지만, 나도 모르게 사고의 훈련을 하게 되는 것일 수도 있다. 직장인이 논리력과 창의력을 기르려고 학원을 갈 수는 없지 않나? 그냥 최고의 수행이라고 생각하는 직장생활을 통해 자연스럽게 경험하고 반복하는 것이 가장 좋은 방법이다.

5
죽기 전까지 몸과 마음이 건강하게 사는 법

구구팔팔이삼사

———

　대한민국 미디어업계에서 종편 TV는 50대 이상을 주 시청층으로 하는 확실한 타깃 방송이다. 최근 몇 년 사이 엄청나게 불고 있는 트로트 열풍이 이 종편에서 시작되었음은 50대 이상의 시청층을 확실히 겨냥했다는 증거이기도 하다. 타깃이 50대 이상이다 보니 종편방송의 또 다른 특이점 중 하나는 건강을 다루는 프로그램이 유난히 많다는 것이다. 고혈압, 당뇨, 비만 같은 만성질환에서부터 치매, 관절, 심장 등 여러 분야의 성인병에 대해 전문의와 연예인 패널을 앞세운 프로그램이 오전 시간부터 채널의 상당 시간을 채우고 있다.

그런데 이런 건강 프로그램의 기조가 몇 년 들어 많이 변화하고 있다. 단순히 오래 사는 장수가 아니라 '죽기 전까지 건강하게 사는 것'에 방점이 찍힌 내용의 프로그램들이 점점 생겨나고 있다. 어르신들의 건배사에서 유행하기 시작한 "구구팔팔이삼사"(구십구 세까지 팔팔하게 살다가 이틀 사흘만 아프고 죽자!)는 이제 어르신들뿐 아니라 3, 40대 직장인들도 관심을 가질 만한 가치관으로 퍼지고 있다.

세계 최고의 고령화 속도를 보여주고 있는 대한민국은 2025년 만 65세 이상 인구수가 1,000만 명이 넘어 인구의 20% 이상이 노년층인 초고령화 사회를 맞게 된다. 평균기대 수명이 남녀 모두 80세가 넘은 이 어르신들 세대는 대부분 1960년대 이후 산업화에 크게 이바지한 세대다. 하지만 최빈국에서 산업화하다 보니 요즘 같은 직장 내 워라밸은커녕 건강검진도 제대로 받으며 일한 세대가 아니었다. 그러다 보니 퇴직 후 경제적인 여건에 따라 '구구팔팔이삼사'가 가능한 어르신들은 극히 일부가 되고 많은 경우 만성질환에 시달리거나 더 안 좋은 경우 노인 빈곤층에 해당되어 건강한 삶은커녕 하루하루 생존을 걱정해야 하는 어르신들도 많다. 이런 부모 세대와 동시대를 사는 현대 직장인들은 직장인으로 살아가는 동안 어떤 준비를 미리 해야 하는지 간접경험을 하게 되었고 이에 대한 준비를 일찍부터 시작하는 사람들 서서히 생겨났다.

물론 건강한 노년을 위해 가장 먼저 준비해야 할 것은 경제적 안정이다. 노년을 편안히 보낼 주거문제가 해결되고 매달 생활비가 안정적으로 수급된다면 경제적으론 큰 걱정 없는 노년 생활을 보낼 수 있다. 1988년에 국민연금 제도가 시작된 이래 국가에서도 은퇴 후 삶에 대한 재정적 안정에 대해 정책을 시행하기 시작했고 퇴직연금을 포함한 다양한 공적, 사적 연금제도도 노년의 경제적 안정을 지원하고 있다.

경제 문제 다음으로 노년의 삶을 대비하는 것은 뭐니 뭐니 해도 건강 문제다. 건강 역시 1977년 직장 건강보험이 실시되고 1989년 지역의료 보험까지 확대되어 전 국민 의료보험이 달성된 지 30년이 넘었다. 최소한 국가가 정기적인 건강검진을 해주고 건강보험에서 커버가 되는 급여 항목들에 대해선 의료비 지출 역시 국가지원 하에 혜택을 받는 시대가 된 것이다.

문제는 이 건강의 영역이 대부분 신체적 건강에만 집중되어 있다는 사실이다. 중증 치매 환자들에게 장기요양보험이 적용되는 것을 제외하곤 정신건강이나 마음의 병에 대해선 공적인 의료보험의 혜택을 받기는 불가능하다. 사적 영역을 보더라도 최근 몇몇 보험사들이 치매 보험을 출시하고는 있지만 이외에 ADHD, 우울증, 공황장애 같은 마음의 병을 커버해주는 상품을 찾긴 어렵다. 심지어 정신과와 관련된 상담만 받더라도 진료기록에 남아있어 실비보험 상품에 가입하는 데도 제약이 있다는 루머 마저 나도는 상황이다. (상담만으로 보험가입을 거부하는 것은 차별로 규정하고 있다.)

조현병이나 공황장애, 자폐, ADHD 등 최소한 겉으로 증상이 보이는 마음의 병은 어려움이 있더라도 사적 영역에서 치료하는 사람들이 많아졌다. 하지만 우울증, 수면장애, 과도한 스트레스 등 겉으로 증상이 뚜렷하지 않은 마음의 병은 생활이 힘들 정도로 심해지기 전까진 처방을 받거나 치료하려는 시도를 꺼리고 있다. 그리고 정신과 상담을 받으려 결심할 정도로 심해졌을 땐 이미 골든타임을 지난 경우도 많다.

여기서 우리는 마음건강의 중요성을 다시 발견할 수 있다. 국가에서 정책으로 관심을 가지지도 않고 사적 영역에서도 도움을 받을 상품과 서비스가 많지 않은 마음건강은 지극히 개인이 관심을 가지고 조기에 그리고 꾸준히 치유하고 개선해 나가야 하는 영역이다. '구구팔팔이삼사'를 위해 직장인들은 매달 건강보험료를 납부하는 것은 물론 다양한 사적 투자와 노력을 통해 경제적, 신체적 안정을 위한 준비를 해 나가고 있다. 여기서 우리가 미처 간과하고 있었던 영역인 정신건강과 마음의 안정만 개인적으로 준비할 수 있다면 정말 죽기 직전까지 건강하고 행복한 삶을 보낼 수 있을 것이다.

'롱제비티(Longevity)'란 무엇인가?

매년 1월이면 샌프란시스코에서 제이피 모건(JP Morgan)이 주최하는 헬스케어 컨퍼런스가 열린다. 전 세계에 헬스케어와 관련한 많은 업체가 모이는 행사이다 보니 당시 헬스케어 업무를 담당했던 나도 참석한 적이 있었다. 헬스케어와 관련한 최신 트렌드를 접함은 물론 여러 관련 회사들과 미팅도 즉석에서 일어난다. 그 기간 여러 미팅을 진행했는데, 그중 한 벤처캐피얼회사(VC)와의 미팅이 특히 기억에 남는다.

그 회사는 뷰티(Beauty) 분야에 특화된 VC라고 자신들을 소개했다. 순간 뷰티는 헬스케어와 직접적인 연관이 없다고 생각하여 빨리 미팅을 마치고 다른 미팅으로 이동할 생각을 했었다. 그런데 이 VC 대표는 자신이 얘기하는 뷰티는 정확히 얘기하면 안티에이징(Anti-Aging)이며, 이는 최근 실리콘밸리에서 상당히 주목받는 분야라고 설명했다. 그러고 보니 안티에이징이야 말로 헬스케어의 최신 트렌드 중의 하나라는 세미나를 본 기억이 났다. 게다가 안티에이징을 생활의 일부로 여기고 실행하는 이들은 30대는 물론 20대까지 내려가는 것이 실리콘밸리의 핫한 트렌드라는 것이다.

그들이 생각하는 안티에이징은 생활습관 자체를 건강하게 바꾸는 것이었다. 꾸준한 유산소 운동과 근력운동은 기본이고, 식단은 간헐적 단식을 주로 해서 과도한 칼로리 섭취를 줄이고 수면시간도 8시간 이상씩 가능한 한 오래 자는 것이 기본 라이프스타일이었다. 특히 멘탈관리의 중요성이 매우 높아 요가나 명상학원을 정기적으로 다니고 평소에도 젠(Zen, 禪)과 관련한 다양한 모임이나 강좌를 찾는다고 했다. 그리고 이 모든 것은 실리콘밸리의 최신 정보산업을 빨리 받아들여 건강과 관련된 각종 디지털 디바이스들을 착용하고 그 데이터들을 매일 관찰해서 신체와 정신의 상태를 꾸준히 측정하고 있었다.

따지고 보면 대한민국도 젊은 세대들에게 유사한 문화가 몇 년 전부터 확산되고 있다. 욜로, 소확행의 시기를 거치며 즐기는 것의 한계를 느끼게 된 젊은 세대는 '자기발전을 위해 부지런하고 열심히 사는 인생'을 뜻하는 '갓생(God+生)'의 시대를 열게 된 것이다. 매일 이른 아침에 일어나 목표로 하는 운동이나 공부로 하루를 시작하고 직장이나 학교에서도 업무와 공부에 최선을 다하며 관련한 네트워크를 위하여 다양한 모임에 나가는 등 목표를 위한 성실한 삶을 갓생러들은 살고 있다. 이처럼 한국과 미국의 젊은이들은 모두 중년의 나이가 닥친 후에 시작하기 보다는 한살이라도 젊을 때 미래를 위해 미리 준비하는 삶을 살아가고 있다는 공통점이 있다.

최근 건강과 관련해 전 세계적으로 많이 거론되는 단어가 바로 '롱제비티'다. 단순히 오래 사는 것인 '장수'가 아닌 '죽기 전까지 건강하게 사는 것'을 말하는 이 단어는 어쩌면 앞서 말한 한국과 미국의 젊은이들이 궁극적으로 추구하는 인생관이 아닐까 생각한다.

롱제비티에 대한 설명은 스탠퍼드, 존스홉킨스의대 출신의 이 분야 유명 인플루언서인 피터 아티아(Peter Atia)의 그래프로 잘 설명된다. 가로축의 Life Span(생체수명)과 세로축의 Health Span(건강수명)이 있는데 인간의 탄생인 생체수명 0, 건강수명 100에서 시작해 시간의 흐름과 함께 점점 하향곡선인 포물선을 그려 평균수명인 80세 정도에 건강수명 0에 다다르는 죽음을 맞는 것이 일반적인 그래프이다.

하지만 요즘 의학의 발달과 함께 생체수명이 몇 년 더 길어지는 그래프를 보여주고 있다. 그런데 이 그래프의 실상은 앞의 일반적인 그래프와 80세까지는 거의 같은 커브를 그리다가 마지막 몇 년에 건강수명은 이미 바닥인 상태에서 생체수명만 횡보하며 몇 년 연장되는 것을 보여준다. 즉, 수명연장은 가능하나 건강하지는 못한, 최악의 경우는 요양병원에 누운 채로 몇 년 연장된 삶을 사는 것이 요즘 일반인들의 삶이다.

이에 반해 롱제비티의 삶을 표현한 그래프는 생체수명과 건강수명이 거의 평행선을 그리며 진행되다 노년이 되며 약한 기울기의 하락이 시작되고 죽음 직전에 급격한 경사로 떨어져 생체수명이 끝난다. 이것이 바로 전형적인 '구구팔팔이삼사'의 그래프이다. 나이가 들어감에도 건강수명엔 큰 변화 없이 신체적으로 건강함은 물론 정신적으로도 만족한 생활을 하고 더 나아가 안티에이징의 효과로 젊은 시절의 아름다움도 오랜 기간 유지되는 것이 바로 롱제비티의 삶이다.

롱제비티와 관련하여 세계 최고전문가로 불리는 사람 중 한 명은 하버드대 교수이며 싱클레어 랩을 운영하는 데이비드 싱클레어(David Sinclare) 박사다. 싱클레어 교수는 〈노화의 종말〉이라는 저서를 통해 노화는 당연한 것이 아니라 치료해야 하는 질병이라고 규정하고 우리가 얼마나 노력하느냐에 따라 노화를 최대한 늦출 수 있다고 말한다.

우리는 외모가 엄청난 동안이거나 평균수명을 훨씬 넘어 100세까지 사는 사람들을 보고 타고난 유전자의 영향이라고 생각하는 경향이 있다. 물론 이 유전자의 영향을 무시할 순 없지만, 인간에겐 타고난 유전체 말고도 후천적으로 익히는 '후생유전체'가 있다고 싱클레어 교수는 주장한다. 더 나아가 타고난 유전체가 우리에게 미치는 영향은 예상과 다르게 10~25% 수준이며, 후생유전체가 더 중요하다고까지 주장한다.

일란성 쌍둥이가 노화 속도가 다른 것은 바로 이 후생유전체 때문이다. 쌍둥이 중 흡연자인 한쪽은 비흡연자인 다른 쪽보다 피부의 주름 등 노화 진행 속도가 훨씬 빠르게 진행되는데 이는 평소 생활습관에 따른 후생유전체의 변화 때문이다. 따라서 우리가 생활습관을 개선하기만 한다면 타고난 유전자와 별개로 노화를 지연시킬 수 있고 죽기 전까지 건강한 삶을 살 수 있다는 것이 싱클레어 교수의 주장이다.

얼마 전 매년 200만 달러(25억 원)를 투자해 18세로의 회춘을 기획한 미국의 억만장자 브라이언 존슨의 프로젝트가 화제된 적이 있다. 노화의 지연을 넘어서 젊음으로의 회춘을 추구한 이 프로젝트는 30명의 의료진

5. 죽기 전까지 몸과 마음이 건강하게 사는 법

의 관리를 받고 젊은 사람의 혈장을 수혈받는 등 현대의학이 가능한 모든 범위에서 진행되고 있다. 지구상의 평범한 일반인들은 이 억만장자 같은 돈을 쓰며 노화를 방지할 수는 없다. 하지만 생활습관의 조그만 개선부터 시작한다면 충분히 노화를 지연시킬 수 있는 시대라고 할 수 있다.

잘 자는 것의 중요성

롱제비티는 식단, 운동, 수면, 정신건강, 영양보조제 이 다섯 가지 영역으로 구분된다. 식단과 운동이 건강에 영향을 미치는 것은 자명한 사실이고 영양보조제가 이 두 가지 영역을 돕거나 촉진하는 역할을 한다. 이에 반해 '수면'이나 '정신건강'은 21세기 들어 그 중요도가 점점 더 주목받는 분야라 할 수 있다.

축구선수인 크리스티아누 호날두와 농구선수인 르브론 제임스의 공통점은 마흔이 가까운 나이에도 세계 최고기량을 보인다는 것이다. 20년 전만 해도 운동선수가 30대 초반이 넘어가면 에이징 커브를 그리기 시작해 30대 중반 정도엔 대부분 은퇴의 길로 갔는 데 반해, 이 두 선수는 아직도 젊은 시절 못지않은 성적을 기록하고 있다. 두 선수는 다양한 형태로 몸 관리를 하는데, 특히 수면과 관련해선 수면 코치 같은 전문가의 도움을 받아 철저한 관리를 하고 있다.

호날두는 하루 5번으로 나누어 총 8시간 이상의 잠을 자며, 르브론 제임스도 수면 코치의 도움으로 9시간의 긴 잠을 잔다. 식단을 관리하고 운동을 열심히 하고 건강보조제를 섭취하는 일반적인 운동선수의 몸 관리를 뛰어넘어 수면의 양과 질을 최적으로 관리하는 것까지 포함하는 것이 세계적인 운동선수의 삶이다.

그러나 평범한 일반인들은 그들과 같은 철저한 수면관리를 하기가 불가능하다. 특히 직장인들은 출근 시간이 정해져 있기에 전날 밤의 수면 상황은 전혀 고려하지 못한 채 정해진 시간에 회사에 가야 한다. 월급쟁이 삶에서 피로를 가장 느끼는 것이 바로 출근을 위한 아침기상이 아닐까? 더구나 주 5일 출근 중에 꿀잠을 자고 상쾌한 기분으로 출근하는 날이 하루나 이틀이 될까 말까 한 것도 현실이다. 스포츠 스타들처럼 수면 코치의 관리를 받으며 질 좋은 수면을 취할 순 없지만, 그래도 건강한 직장생활을 위해서라면 수면에 더 신경을 써야 한다.

다행히 스마트워치 같은 웨어러블 디바이스들의 성능이 많이 개선되고 있으며 특히 수면 관련 정보들의 정확도가 높아 이들을 잘 활용하면 일반인들도 수면 코치 못지않은 조언을 받을 수 있다. 내 경우도 수면관리를 위해 반지 형태의 스마트링을 오랜 기간 착용하고 있다. 손가락은 미세한 혈관이 모여 있어 스마트워치 보다 그 데이터의 정확도가 몇 배 높다고 알려져 있다.

잠을 푹 자면 신체적으로 회복되는 것은 당연한 사실인데, 스마트링을 사용하고 난 뒤 정신건강과 관련된 두 가지 지표에 더 관심이 생겼다. 그중 하나는 심박변이도(HRV: Heart Rate Viability)이다. 심박 수는 1분에 몇 번 심장이 뛰는가를 측정하는 데 반해 심박변이도는 심장박동의 불규칙성(길고 짧음의 인터벌)을 측정한다. 이 심박변이도는 스트레스 지표로도 알려져 있는데 심박변이도가 높을수록 스트레스가 적고 평온한 상태라는 것을 보여준다. 따라서 기상 후에 이 지표를 꾸준히 관찰하면 수면을 통해 신체는 물론 정신적인 건강상태가 어떤지도 파악할 수 있다.

다음 지표로는 REM 수면이 있다. 보통 꿈을 꾸는 단계로 알려진 REM 수면은 기억을 저장하는 시간이며 동시에 정신적, 정서적 회복에 중요한 역할을 한다. REM 수면은 전체 수면시간의 20% 정도를 차지하는 것이 좋으며 REM 수면 단계로만 1.5~2시간 정도를 보내는 것이 적절하다. 실제로 충분한 REM 수면을 하고 나면 다음 날 정신적으로 훨씬 상쾌함을 느낀다. 이처럼 웨어러블 디바이스를 잘 활용하면 단순히 몇 시간 잤다를 넘어서 수면의 질이 어느 정도인지도 파악할 수 있어 좀 더 질 좋은 잠을 잘 수 있다.

롱제비티 관련 또 한 명의 세계적 석학은 스탠퍼드 대학교 신경생물학과의 앤드루 후버만 교수다. 최근 한국에서도 갓생러나 미라클모닝을 추구하는 젊은이들 사이에 '후버만 성공루틴'으로도 잘 알려져 있는데 정식 명칭은 Hooberman's sleep toolkit(후버만 수면 키트)이다. 이 후버만 루틴은 꽤 구체적이어서 기상 직후 10분 이상 햇볕 쬐기, 공복에 소금물 마시기, 아침에 휴대전화 보지 않기, 찬물 샤워하기 등등 매일매일 수행해야 하는 과제들을 정해주고 이를 지키는 것을 요구한다.

후버만 루틴 중 생소한 단어를 발견할 수 있는데 그것은 바로 NSDR(Non-sleep Deep Rest; 비수면 깊은 휴식)이다. 잠은 자지 않으나 깊은 휴식을 취할 수 있는 이 방법은 구글 CEO인 순다르 피차이도 즐겨 사용한다고 하여 더 유명세를 치렀다. 방법은 오후에 2, 30분 정도 눈을 감고 명상을 수행하는데 직장인의 경우 점심시간을 이용하면 간단히 수행할 수 있다는 장점이 있다. 수면의 요가로 알려진 '요가 니드라'와도 비슷한 방식인데 몸과 마음을 깊은 휴식상태로 이끌어 스트레스 해소와 심신의 회복에 큰 도움을 준다. 비단 직장에서의 오후 시간뿐 아니라 한밤의 수면 중 잠에서 깨고 다시 잠들지 못할 때도 이 NSDR은 매우 용이하다.

잠이 들지 않지만, 호흡에 집중하여 팔, 다리, 가슴, 배 등 몸 한군데 한군데를 느끼는 방식을 반복하다 보면 설령 잠이 들지 않더라도 다음날 훨씬 개운한 아침을 맞이할 수 있다. 출근이라는 엄청난 짐을 지고 있는 직장인들의 효과적인 수면관리를 위해서 꼭 한 번 경험해 보면 좋을 루틴이 바로 이 NSDR이다.

측정되고 관찰되는 것의 힘

롱제비티를 통해 수면과 함께 새롭게 강조되는 분야는 정신건강이다. 최근 한국에서도 정신건강의 중요성이 높아졌음은 미디어에 비친 모습으로도 알 수 있다. 오은영 박사의 정신상담 프로그램은 '금쪽 상담소' 같은 어린이 정신건강은 물론, '결혼 지옥' 같은 성인 정신건강에까지 폭넓게 다루고 있다. 종편에서 다루는 스트레스, 불면증, 우울증 등은 이미 메인 주제가 되었고, 세태 흐름 반영의 대표 격인 넷플릭스 K드라마에서는 '정신병동에도 아침이 와요'라는 정신건강을 다룬 드라마까지 방영되고 있다.

앞 장에서는 여러 마음공부를 통해 정신건강을 유지하는 방법을 소개하였는데, 일부 사람들은 이 같은 방식을 좀 꺼리기도 한다. 그 이유는 바로 그 수행방법과 결과가 비과학적이라는 것이다. 아무래도 정신과 마음의 영역이 눈에 보이지 않고 데이터로 증명되기 어려운 분야이다 보니 약물치료에 기댈지언정 마음공부를 통해 치유하기를 불편해하는 사람들이 많다.

하지만 앞서 사례를 든 수면관리용 스마트링처럼 데이터 시각화(Data Visualizing)를 해주는 디지털 디바이스가 등장하면서 마음공부가 비과학적이란 비판을 막아주는 것은 물론, 수행의 보완재 역할까지 톡톡히 해주고 있다.

뇌파검사(EEG: Electroencephalogram)는 뇌에 중대한 질환이 생기지 않는 이상 일반인들이 접하기 어려운 의료행위다. 그런데 최근 EEG 디지털 디바이스가 보급되기 시작하면서 가정에서도 개인별 뇌파측정이 가능해졌다. 즉, 명상이나 참선 등 마음공부를 하고 난 후 그에 따라 얼마나 정신적 안정이 되었는지 아니면 집중력이 향상되었는지를 뇌파의 변화를 통해 알 수 있게 되었다. 평상시에는 15~18Hz의 베타파를 유지하지만, 명상을 통해 신체 긴장이 풀어지고 의식의 집중이 생기면 8~12Hz의 알파파가 활성화된다. 그리고 이런 수치들은 그래프와 데이터로 즉시 확인할 수 있다.

마음공부를 하는 이들의 많은 궁금증은 명상의 효과가 있는지와 있다면 어느 정도인가 하는 점이다. EEG 디바이스는 이 결과를 수치나 그래프로 보여주기 때문에 효과에 대한 믿음을 갖게 되고 그 결과 수행에 임하는 데 더 큰 동기부여가 된다. 측정되고 관찰된다는 것의 힘은 생각보다 크다. 이는 스크린골프의 인기와도 유사한 측면이 있다.

실내 골프연습장에서 그물망 벽면의 표적에 공을 치면 소리나 강도 등은 느낄 수 있지만 정확한 거리와 방향은 알기 어렵다. 하지만 스크린골프는 공의 방향과 거리, 속도는 물론 스윙 폼까지 녹화해서 보여주니 골프 스윙 연습의 효과를 한층 더 높여준다. 이처럼 데이터로 측정되고 시각적으로 관찰되는 것은 어려운 마음공부를 하는 데 더 큰 도움이 되고 있다.

구십구 세까지 팔팔하고 건강하게 사는 삶은 많은 사람이 원하고 있지만 쉽게 이루어질 수 있는 일은 아니다. 특히 직장인의 경우 대한민국의 직장정년이 60세이고 실질적인 퇴직 시점이 51세 정도인 것을 감안할 때 무려 4, 50년을 더 건강하게 살아야 한다는 것이 쉽게 상상되지 않기도 한다. 직장생활을 30년 정도 한다고 가정할 때 이는 인생의 1/3 정도를 차지한다. 하지만 이 기간이 취업하고, 결혼하고, 아이를 낳고, 저축을 하고, 집을 사고 등등 사람 인생에 있어 가장 중요한 시기인 만큼 직장인의 시기를 '어떻게 보내느냐' 하는 것이야말로 구구팔팔이삼사 라이프에 가장 큰 영향을 미친다.

직장생활은 우리에게 많은 스트레스를 안겨 주기도 하지만 한편으로 월급 이상의 인간적인 만족감을 주기도 한다. 직장생활로 인해 힘든 일이 생기지만, 그것을 어떻게 대처하냐에 따라 정신과 마음의 상태가 더 탄탄해질 수도 있다. 영화 '명량'에서 이순신은 두려움을 용기로 승화시켜 12척의 배로 일본 배 133척을 격파했다. 위기라는 말은 '위험과 기회'를 동시에 내포하고 있다. 만약 우리가 직장생활의 스트레스를 최고의 마음 공부라고 받아들일 수 있다면 얼마나 우리 삶이 달라질 수 있을까? 단지 돈을 벌기 위해 도살장에 끌려가는 개처럼 출근하는 직장인과 이 직장생활이야말로 구구팔팔이삼사 인생을 위한 최고의 수행이라는 생각으로 출근하는 직장인이 있다면 과연 이 중 어느 누가 더 행복한 삶을 살게 될까?

e스포츠와 바둑의 공통점

2018년 국내 금융회사 최초로 리그오브레전드(LoL) e스포츠 단을 창단하고 초대단장에 올랐었다. 회사는 사업적으론 금융업을 디지털라이제이션 해야 했고 마케팅 적으로는 2030 미래세대를 타겟팅해야 했는데, e스포츠 단은 바로 이 두 마리 토끼를 잡을 수 있는 최적의 방안이었다.

국내 기업이 프로스포츠단을 운영하는 것은 기업의 브랜드 홍보 효과 때문이다. 하지만 아이러니하게도 스포츠는 결국 승패를 겨뤄야 하는 게임이고 그러다 보니 팀 성적이 중요하지 않을 수 없다. 단장으로서 팀 연습이나 작전에 관여할 처지가 아니었기에 선수들이 최고의 기량을 발휘할 수 있을 방향으로의 지원에 최선을 다했다. 그리고 그 중 특히 신경을 쓴 것이 선수들의 체력과 멘탈 관리였다.

e스포츠는 대표적인 멘탈 스포츠로, 선수들의 전성기가 의외로 짧다. 10대 후반에서 20대 초반에 전성기를 누리고 25세 정도면 노장으로 평가받는다. 만 28세에도 전성기 기량을 자랑하는 '페이커' 같은 경우는 상당히 예외적인 존재이다. 난 e스포츠 단을 운영하며 이 점이 가장 궁금했다. '20대 중반이면 신체적인 역량이 한 인간의 일생에서 최고점을 찍을 때인데 e스포츠 선수들은 왜 그때를 기준으로 하강 곡선을 그릴까?' 이 부분이 이해되지 않았다.

대표적인 멘탈 스포츠이기도 하고 아직 20대 초중반의 어린 친구들이 대부분이어서 처음엔 선수들 멘탈 관리에 많은 신경을 썼다. 코치진 및 스태프들이 선수들과 자주 면담하게 하고 멘탈 관리 프로그램을 도입하는 등 선수들의 마음관리에 집중했다. 그런데 선수들의 반응은 예상 밖이었다. 이런 프로그램에서의 효용을 말하기보다는 잠을 더 자고 싶다든지 체력운동을 더 하고 싶다든지 하는 반응을 보였다.

나중에야 알게 된 일이지만 멘탈 스포츠로 알고 있는 e스포츠가 의외로 체력적인 보강이 더 필요한 운동이었다. 인간 뇌의 무게는 체중의 2% 밖에 되지 않는데, 몸이 사용하는 에너지의 20%를 쓴다. 그러다 보니 시합에서 보통 2, 3게임을 하게 되면 체력적으로 엄청난 방전이 일어난다. 쉴 새 없이 손가락과 손목을 움직이기에 팔 부위에 대한 마사지나 회복 역시 매우 중요한 부분이었다. 이런 사실을 알고 난 후엔 선수들에 대한 지원 방향을 전환했다. 특히 새로운 트레이닝 센터인 캠프원을 오픈할 때는 선수들의 니즈를 충분히 반영한 공간구성을 기획했다.

먼저 e스포츠 업계 최고 수준의 피트니스 룸을 만들었다. 선수들이 틈날 때마다 체력보강을 할 수 있도록 하고 전문 트레이너도 제공했다. 다음은 선수들의 휴식공간을 최대한 마련했다. 안마의자, 대형 TV, 소파, 침대 등을 마련하여 선수들이 연습 중 언제든 편히 쉴 수 있게 만들었다. 마지막으로 국내 e스포츠 트레이닝 센터 중 최고의 식단을 제공했다. 연예기획사 중 YG나 JYP가 구내식당 맛집으로 인기가 있는 것처럼 국내 e스포츠 팀 중 가장 맛있는 식사를 선수들에게 제공할 수 있도록 했다. 지금도 유튜브 등을 통해 한화생명 e스포츠 단 캠프원은 가장 맛있는 식사를 제공하는 곳으로 관계자들 사이에서 유명하다. 이처럼 선수들에 대한 지원 방향이 바뀌자 선수들의 만족도는 매우 높아졌으며 그 후 연습이나 기량 증가에도 큰 도움이 되었다.

지나고 보니 내가 초기에 멘탈 관리라는 용어를 잘못 이해했던 것 같다. e스포츠가 멘탈 스포츠이니 당연히 멘탈 관리가 중요했는데 그 멘탈 관리를 흔히 스포츠계에서 말하는 평정심 유지, 정서적 안정, 담대한 승부 등으로 생각했다. 하지만 LoL 경기는 기본적으로 다섯 명이 하는 팀 스포츠이고 한 게임에 평균 40분 정도 걸리는 시간 동안 쉴 새 없이 진행되기에 평정심이나 정서적 안정 등이 크게 필요하지 않았다.

우리가 흔히 멘탈 스포츠라고 하면 골프를 꼽는데 골프야말로 자기 자신과의 싸움이기 때문이다. 한 번의 샷이 잘못되면 어떡하나 하는 마음의 소리가 들리는 순간 실수할 확률이 높은 스포츠이다. 단체 경기지만 야구도 마찬가지다. 투수와 타자의 1:1 대결이다 보니 9회 말 투 아웃 만루의 상황은 타자나 투수나 모두에게 최고의 평정심을 요구한다. 승부차기에 들어간 축구도 마찬가지다. 키커와 골키퍼가 1:1의 상황이다 보니 최고의 멘탈이 필요하다.

하지만 멘탈 스포츠로 알려진 e스포츠의 경우는 연습이나 게임 직후 과부하가 걸린 뇌를 쉬게 하는 것이 가장 우선이었고, 그다음 팔, 손목,

손가락 등 많이 사용한 부위와 기본적인 자세나 체력훈련이 더 필요한 스포츠였다. 겉으로 보기에 움직이지 않고 앉아서 하므로 멘탈 스포츠로 불렸지만, 실제적으론 정신과 신체의 조화가 가장 중요한 스포츠였다.

히딩크가 한국에 와서 한국축구를 처음 진단했을 때, 많은 축구인이 놀랐던 점은 우리가 익히 알고 있던 상식을 바꿔 놓았기 때문이었다. 우리는 그때까지 한국축구는 체력은 강한데 기술과 전술에서 뒤처진다고 생각했다. 하지만 히딩크는 정반대 진단을 내놓았다. 한국축구는 유럽 축구 강국과 비교하면 체력이 절대적으로 열세라 판단하고 강도 높은 체력훈련을 가장 우선으로 진행했다. 히딩크의 이 같은 진단에 따른 결과는 우리가 익히 다 알고 있다. 이처럼 우리는 정신과 신체의 조화에 대해 좀 더 구체적이고 자세히 관찰하고 판단할 필요가 있다.

내가 지금 이렇게 무기력하고 에너지가 떨어지는 것이 체력의 문제인지 심리의 문제인지 정신의 문제인지를 냉철하게 봐야 한다. 자칫 심리적인 문제를 체력의 문제라 오판할 수 있고 체력의 문제를 정신력의 문제라고 달리 진단할 수 있기 때문이다. 현재 자신의 상황을 신체적, 심리적, 정신적 문제로 정확히 판단할 수 있고 그에 따른 예방과 개선 노력을 꾸준히 해 나갈 수 있다면 죽기 전까지 건강하게 사는 삶을 살아가기에 더없이 좋은 환경이 될 것이다.

멘탈 스포츠와 체력에 관한 에피소드 하나를 더 소개하고 마치고자 한다. 한화생명은 세계어린이바둑 축제인 국수전을 오랜 기간 지원했었다. 국수전 행사가 있는 날 담당 임원으로서 세계바둑인들의 우상인 조훈현 9단, 이창호 9단과 식사 할 기회를 가질 수 있었다. 당시 e 스포츠단 단장으로 한창 활동하고 있던 터라 평소 궁금한 점을 이창호 9단에게 물어봤다.

멘탈 스포츠인 e스포츠 선수들의 선수 생명이 20대 중반 이후엔 꺾이는 모습을 보이는데 같은 멘탈 스포츠인 바둑의 고수로서 이에 대해 어떤 생각인지 의견을 부탁했다. 이창호 9단은 이 같은 현상에 대해 매우 공감한다고 했다. 본인의 경험에 따르면 20대 중반이 넘어가며 체력이 현저히 떨어지는 것을 느꼈으며 심할 경우 바둑돌 하나를 집어 가로세로 19줄의 바둑판 한 점에 놓는 것조차도 힘에 버거울 때가 있었다고 했다. 신의 경지에 다다른 이창호 9단이 느꼈을 미세한 체력소모를 범인인 내가 완전히 이해하긴 어려웠지만 그만큼 정신력과 체력과의 관계는 일반인이 알기 힘들 정도로 깊은 연관 관계가 있음을 재확인할 수 있었다.

롱제비티에서 가장 경계해야 할 것들

롱제티비 랩을 운영하면서 구성원들에게 농담 반 진담 반으로 금기시했던 것이 하나 있었다. 그것은 바로 영화 '파이널 데스티네이션'을 보지 말라는 것이다. 이 영화의 줄거리는 이렇다. 수학여행을 가게 된 미국의 한 고등학교 학생들이 파리행 비행기를 타고 이륙을 기다리던 중 주인공인 한 학생이 비행기가 폭발하는 꿈을 꾸게 된다. 그 꿈의 생생함에 놀란 주인공은 다른 이들에게 비행기에서 내릴 것을 주장하고 이에 동조하여 총 7명이 비행기에서 내린다. 그 비행기는 학생의 말대로 이륙하자마자 폭발하여 탑승자 전원이 사망한다. 비행기에서 내린 7명의 운명은 어떻게 되었을까? 그 7명도 원래는 비행기에서 죽을 운명이었으나 갑작스럽게 사고를 피하게 된 사람들이었다. 그리고 결국, 7명도 그들의 운명에 따라 한 명씩 사고로 전원 사망하게 된다는 이야기다. 내용인즉, 사람의 운명은 거스를 수 없다는 것이고 죽을 운명은 반드시 그 시점에 죽게 된다는 메시지를 주는 영화다.

저예산 영화였으나 스토리의 탄탄함 때문에 흥행에 크게 성공했고 5편까지 시리즈로 나왔다. 이 영화를 팀원들에게 금기시했던 것은 바로 이 운명론이란 것이 롱제비티의 삶에 가장 큰 방해물이 되기 때문이다. 식단, 운동, 수면, 정신건강에 건강보조제까지 철저한 관리를 통해 죽기 전까지 건강한 삶을 살려고 하는 이들에게 "죽을 운명은 다 정해져 있어. 뭐 그리 유난 떨며 노력해야 해?"라는 한마디는 절제된 삶을 살아가는 이들에게 돌멩이 하나를 던지는 것 이상의 파문을 가져올 수 있다.

롱제비티의 삶은 절대 녹록지 않은 어려움을 가진 생활습관이다. 이 과정에서 수많은 유혹이 내외부에서 등장할 수밖에 없다. 운명론을 앞세운 유혹은 외부보다 내부의 것이 더 강하다. 마음공부 중 에고의 속삭임을 알아차리고 지켜보는 와중에 에고는 좀 더 교묘한 방식으로 유혹하기도 한다. 마음공부 중 '받아들이기, 내맡기기'가 그 첫 번째 단계인데, 에고는 이것을 '운명론'과 연관 지어 롱제비티의 습관을 무력화시키려고 한다. 어차피 삶이 나보다 더 나를 잘 알고 그것들에 의해 정해진 현재 상황을 있는 그대로 받아들여야 하는데 롱제비티의 삶이야말로 그것에 가장 크게 저항하는 방법 아니냐는 것이 에고의 속삭임이다.

이는 실로 진실 하나를 거짓 아홉 개에 포함해 마치 그 전체가 진실인 것처럼 호도하는 교묘한 방식이 아닐 수 없다. 앞서 여러 영성학자가 말한 것처럼 삶에 내맡기고 그것을 있는 그대로 받아들이라는 것은 아무것도 하지 말고 요행을 바라는 삶을 살라는 것이 아니라, 그 주어진 상황과 목표를 위해 최선을 다하되 그 성공 여부에 집착하지 말고 저항 없이 결과를 받아들이라는 것이다.

우리가 롱제비티의 삶을 살기 위해선 본능이 요구하는 여러 가지를 참고 절제하며 살아갈 수밖에 없다. 그것은 바로 내가 죽기 전까지 건강하게 사는 목표를 위해 현실에 최선을 다하는 과정이다. 그 결과로 내가 99세에 건강하게 살다 죽을지 그보다 훨씬 이른 나이에 사고로 사망할지 그것은 아무도 모른다. 마치 모든 사람이 어떤 운명에 의해 급사할 수도 있으니 '그냥 하고 싶은 거 다 하고 먹고 싶은 거 다 먹으며 시간을 보내자.'라는 것은 간단하고 무논리적으로 삶을 내맡기라는 주장이 아닐 수

5. 죽기 전까지 몸과 마음이 건강하게 사는 법

없다.

　에고는 우리 마음속에서 끊임없이 이 같은 유혹을 계속할 것이다. 하지만 이것을 이겨내는 것 또한 마음공부의 한 과정이고 동시에 롱제비티의 삶을 살아가는 방식이다. 마음공부가 육체적인 건강과는 다른 영역이라고 생각하기 쉽지만 이처럼 롱제비티와 마음공부는 그 수행과정에서 서로 연결되어 있고 어느 한쪽을 잘 진행하면 다른 쪽도 좋아지는 선순환의 관계에 놓여있다. 비단 롱제비티의 다섯 가지 영역 중 정신건강과 수면만 마음공부와 관련 있는 것이 아니라 롱제비티의 삶을 살아가는 모는 것이 마음공부의 수행과 깊이 관련되어 있다.

　따라서, 우리가 직장생활 같은 일상의 수행을 통해 건강한 마음과 정신으로 살아간다면 구십구 세까지 건강하게 살고 행복한 죽음을 맞이하는 웰 다잉을 한꺼번에 이룰 수 있을 것이다.

에필로그

　직장생활을 하며 그동안 세 권의 책을 출간했다는 것은 스스로 가슴 뿌듯한 성취감이었다. 월급쟁이가 퇴근 이후 평일에 글을 쓴다는 건 힘든 일이라 주로 주말에 글을 썼다. 특히 하나뿐인 딸이 당시 초등학생, 중학생일 때 주말에 글을 써야 했기에 같이 놀아주지 못하는 미안함이 주말에 써야 할 글의 분량을 맞추는 부담감을 넘어 서기도 했다.

　마지막 세 번째 책이 출간된 것이 2011년이니 그때부터 13년이 흘렀다. 그동안 나이를 먹어가면서 회사에서의 지위도 조금씩 높아지다 보니 책을 다시 쓸 엄두를 내지 못했다. 직장생활의 마지막 9년은 임원으로 지냈기에 더더욱 글을 쓸 생각조차 할 수 없었다. 하지만 내가 책을 출간한 적이 있다는 사실을 아는 동료들은 가끔씩 네 번째 책은 언제 쓸 거냐는 질문을 하곤 했다. 그럴 때마다 내 대답은 한결같았다.

"나중에 월급쟁이 생활 마치면 그때 쓸 거야."

2023년 말, 29년의 직장생활을 마감하고 회사를 떠났다. 퇴임 후 첫 1주일간 혼돈의 시간을 보냈던 나는 이제 새로운 하루의 루틴을 찾아야 했다. 나에게 주어진 여러 선택지 중에 고르는 것은 큰 고민이 필요하지 않았다.

나는 자연스럽게 책상 앞에 앉아 노트북을 켰다. 그리고 내가 써야 할 책의 주제를 적었다. 구체적으로 어떤 식으로 글이 전개될지 그때는 몰랐지만 큰 키워드 두 개는 '직장인'과 '마음건강'이었다. 이 키워드 두 개는 언제 쓰느냐의 타이밍이 문제였지 이미 몇 년 전부터 마음에 담아 두었던 주제였다.

그리고 앞에서도 밝혔듯, 직장생활의 마지막 몇 년은 직장인들의 마음 건강을 다루는 일을 했다. 업무와는 별개로 마음 수행을 전업으로 하는 친구의 영향을 받아 10여 년 전부터 개인적으로 마음공부도 하고 있었다. 게다가 직장인으로서 이미 세 권의 책을 출판한 경험까지….

일반인들의 경우 이 중 한 조건을 만족하기 쉽지 않은 확률인데 나는 의도한 것은 아니었으나 지나고 보니 이 조건을 다 충족하고 있었던 것이다. 그렇기에 이와 관련된 내용을 나의 네 번째 책으로 쓰는 것은 어쩌면 내 의지와 판단보다는 마치 '써야만 하는 의무' 같은 마음이 더 컸다.

직장생활 동안 이런저런 고민이 많은 후배의 얘기를 들어주고 상담해 준 적이 많았다. 후배들은 내가 생물학적으로 몇 년 더 산 선배이기도 하지만 마음공부를 하고 있다는 사실도 알고 있었기에 그들의 고민을 허심탄회하게 털어놓았던 것 같다. 나는 농담 삼아 내가 이러면 회사의 CSO(Chief Spiritual Officer: 최고영적관리자)가 되는 것 아니냐는 얘기도 했었다. 그리고 회사를 떠나면서 이 이야기들을 내 후배들만이 아닌 힘들게 직장생활을 하는 대한민국의 많은 직장인에게도 들려줘야 겠다는 생각이 들었다. 그것은 앞서 말한 것처럼 해야만 하는 의무감 같았다.

이 책을 끝까지 읽고 책장을 덮으려는 분들께 이 두 가지만 다시 한번 강조해서 말하고 싶다.

첫째는, 마음 건강도 신체 건강과 마찬가지로 꾸준한 피트니스가 필요하다는 것이다. 우리가 유산소 운동을 하고 근력운동을 하는 것과 마찬가지로 마음 건강도 여러 방법론을 통해 피트니스 하듯이 꾸준히 관리해야 한다는 것을 잊지 말기 바란다.

둘째는, 직장생활이 최고의 수행이라는 것을 늘 떠올리라는 것이다. 밥벌이로서의 힘든 직장생활이긴 하지만 이것이 마음 건강을 위한 피트니스이자 수행이라는 생각을 가지면 그 고달픔이 한결 덜어질 수 있다.

이렇게 글을 써가는 동안 예전부터 알고 지낸 독서 MBA 권성현 대표님의 도움을 많이 받았다. 기획 방향과 초고 일부를 검토받은 적이 있는

데 "남들 사례보다는 자신의 사례를 많이 쓰라."는 조언이 가장 큰 도움이 되었다. 그로 인해 집필의 방향이 바뀌기도 했다. 사실 내 경험은 평범한 개인의 사례일 뿐이라서 누구나 알고 있는 유명인들의 사례를 인용하는 것이 더 맞는 것 아닌가란 생각도 했었다. 앞서 출간한 책들도 대부분 성공한 사례들을 인용하고 그것들을 분석하는 내용이 주를 이루었기 때문에…. 하지만 내 경험들을 소재로 하나둘 쓰기 시작하자 사례들의 생생함이 좀 더 살아난다는 느낌이 들기 시작했다.

누구나 다 아는 알려진 사례는 아니지만, 오히려 평균적인 대한민국 직장인으로서 한 번쯤 경험했을 법한 우리들의 이야기라는 색깔이 글 속에 묻어나오는 것 같았다. 마지막 책을 출간했을 때의 나는 직장 경험이 채 20년도 되지 않은 사십 대 초반이었다. 그러나 지금은 30년 가까운 직장 경험에 나이도 오십 대 중반이 되다 보니 확실히 세상을 바라보는 눈이 좀 더 초연해지는 것을 느낄 수 있었다. 그리고 지금까지의 경험 사례가 이 책에 인용된다면 독자에게 전달하려는 메시지의 진정성이 강화될 수 있겠다는 생각도 들었다. 이 자리를 빌어 권성현 대표님께 감사의 말을 전한다.

무엇보다 이 책을 쓰게 된 원동력임은 물론 나를 마음공부의 세계로 이끌어준 친구이자 도반인 김우진군에게 마음 깊이 고마움을 전한다.

직장 생활이
최 고 의
수 행 이 다

초판 발행   2024년 5월 20일 초판 1쇄

지은이   정해승
펴낸곳   헤르몬하우스
펴낸이   최영민
인쇄제작   미래피앤피

주소   경기도 파주시 신촌로 16
전화   031-8071-0088
팩스   031-942-8688
전자우편   hermonh@naver.com
등록일자   2015년 03월 27일
등록번호   제406-2015-31호

ISBN   979-11-92520-98-8 (03190)